現代臨床政治学
シリーズ
5

ルソーの政治思想

根本俊雄

東信堂

現代臨床政治学シリーズ全20巻

刊　行　の　辞

昨今、日本の内外をめぐる政治状況は混迷を極めている。国内的には、若年層の投票率低下に代表されるような政治的無関心が蔓延し、一方国際的には、米国の強硬な世界政策に基づく緊張をはじめとした、一触即発の切迫感が充満している。この著しい落差を抱きつつ、現在日本の政治は大きな岐路にさしかかっているといえよう。こうした危機的な状況下、たとえば、混迷に処するための政治的リーダーシップの研究、国民の要望により切実に繋がるメディアや世論調査の在り方、民意をより適切に反映する選挙及び選挙法の研究、また現下の国際状況を踏まえた、憲法改正論議を含む安全保障についての議論等、われわれ政治研究者に課せられた課題は多い。

このような現状認識の下、われわれは、今日の政治学が従来の理論研究を主体とする研究スタンスのみでは不十分と考え、「臨床政治学」を提唱するに至った。臨床政治学は、ともすれば理念にとらわれて現実の政治の実態を見失う恐れのあるアカデミズムと、逆に、ともすれば現実に密着するあまりに政治に対する規範的な視点を欠落させがちなジャーナリズムとの双方の研究スタンスの弱点を補完しつつ、研究対象を客観的に分析・診断するとともに、現実政治の病患のより有効な剔出・治癒をめざす試みである。それはまた同時に、一方では大衆性と現場主義というジャーナリズムの特性と、他方、理念の実現のためあえて世論に抗して孤立も辞さないアカデミズムの特性との双方の接点を探りつつ、その融合を試みることによって、そこで得られた研究成果の社会還元をめざすスタンスである。以上のような趣旨に基づき、先にわれわれは、現代臨床政治学叢書(全3巻)を公刊するとともに、2003年3月には「臨床政治学会」を発足させ、また同年7月には日本臨床政治研究所の設立に漕ぎ着けた。

さらに今回、われわれは、今後のさらなる発展を期し、(株)東信堂のご協力を得て『現代臨床政治学シリーズ(全20巻)』を刊行することとした。各巻の内容は、各々の執筆者の人と業績と理論に裏づけられた研究成果であり、専門家のみならず、学生や一般市民にも十分理解できるよう、簡潔な文体と興味ある内容を備えている。ここに関係各位のさらなるご協力を求めるとともに、本シリーズの各巻が多くの人に活用され、今後の政治学研究の発展に寄与することを望むものである。

2004年3月

編集委員　岡野 加穂留

大六野 耕作　伊藤 重行　藤本 一美

はじめに

ジャン＝ジャック・ルソー（Jean-Jacques Rousseau, 1712-78）は、わが国では広くその名を知られた人物といってよいでしょう。周知のように、ルソーは一七世紀から一八世紀に現れたイギリスのトマス・ホッブズやジョン・ロックとともに、近代政治思想史のうえに燦然《さんぜん》と輝く、巨大な思想家として位置づけられています。

二五〇年も前に思索を展開したルソーが、今も多くの人びとによって論じられるのは、もちろん、論じられるに値する内容があるからです。外国のある研究者は、ルソーの思想が、フランスを変え、ヨーロッパを変え、世界の歴史を変えた、と言っています。

それでは、ルソーが変えたものとは、いったい、なんだったのでしょうか。このことを知るためには、西欧の歴史をさかのぼる必要があります。

西欧では、一五～一六世紀の宗教改革やルネッサンス運動を境として、科学的で合理的な知識がたいへん貴重なものと考えられるようになりました。

ルネッサンス運動がおこる以前は、一千年の長きにわたってキリスト教やキリスト教神学が政治、法律、経済、教育、文化など、人間生活のあらゆる面に大きな影響を及ぼしてきたのです。そのなかには、非科学的な迷信なども多く含まれており、そのため、学問（神学）の名のもとに、人間の本来持っている自然な感情が抑圧されるようになっていました。こうした閉塞《へいそく》状況を打ち破ったのが宗教改革であり、ルネッサンス運動だったわけです。

イエス様もだいじだけれど、わたしたち生身の人間もだいじなのではないか。このような思いを人びとが抱くようになったのです。

中世キリスト教のありかたを根底から変えた宗教改革者のマルティン・ルターやジャン・カルヴァン、政治をリアルにとらえる『君主論』を著した政治思想家のニッコロ・マキァヴェリ、文化面では、「モナ・リザ」を描いたレオナルド・ダ・ヴィンチ、彫刻「ピエタ」を創造したミケランジェロ、そして、「聖母の画家」として知られるラファエロなど、今に名を残すこうした人たちは、人間が普遍的に持つ自然の感情をそれぞれの作品にこめて表現したといえるでしょう。

いわば、かれらは中世のキリスト教神学が陥っていた非人間性、非合理性を打ち破ったのでした。その意味では、ルネッサンス以後の西欧は、生き生きとした人間性とともに、科学的で合理的な考え方を広く受け入れる方向に向かったわけです。

しかし、そうしたルネッサンス運動の成果は一七〜一八世紀へと向かうなかで、徐々に変質していきました。それは「科学」とか「合理性」といったことを過大に評価するようになっていったことです。中世のキリスト教神学への嫌悪や反動もあって、「科学」や「合理性」がなによりもすばらしい、という考えが支配的になっていったのです。そのため、人間の自然な感情が軽視されるようになっていきました。さらに、宗教そのものを否定する人たちもでてきました。

要するに、科学的でありさえすれば良い、合理的でありさえすれば人間は幸せになれる、こうした主知主義と呼ばれる価値観が多くの思想家によって展開されたのが、一八世紀のフランスであり、西欧でした。これが、啓蒙思想、あるいは、啓蒙運動です。

ところが、こうした主知主義の潮流にアンチ・テーゼを掲げ、主情主義を唱えたのがルソーだったのです。かれは、科学や合理主義をすべて否定したのではありませんが、これらよりも、もっとだいじなものがある、と言ったのです。

それは、自然(神)がすべての人に与え給うた心情であり、それをもととした良心です。ルソーは、科学や合理主義よりも、すべての人に本能として内在する〝心情〟および〝良心〟の優位を明らかにしたのでした。

この点について、ルソーの思想の要である理性と自由との関係を見事に解き明かした二〇世紀を代表するドイツの哲学者、カッシーラ氏は次のように述べています。

「ルソーの一八世紀にもたらした独自の、真に新しいものは、まさに、かれが主知主義の支配からこの時代を開放したという点にこそある」

ルソーは読者をまずパトス(心情)によって、強くうつ。その感動を経験できない人は、ルソーとは無縁の人ということになるでしょう。

そのルソーの思想について、かつて、外国のある研究者は次のようにコメントしていました。

「ルソーの人と作品への関心が一九五〇年代以降、世界で異常な昂《たか》まりを見せ、世界の文学者のなかでもっとも多くの研究書や評論を生んだ点で、シェークスピアとゲーテがその双璧をなしているが、ルソーは今やかれらをしのぐほどまでになっている」

このコメントから三十余年を経た今、シェークスピアとゲーテに関する研究書や評論の数量をしのいだか否かは別にして、ルソーに関するそれらの数量は増えることこそあれ、衰える気配をみせていません。政治思想家としてのルソーが、世界史上の文豪と比肩されること自体、いかに多くの人々が、かれの文才に感嘆し、その思想に共感してきたか、を示しています。

もっとも、ルソーの場合、エドマンド・バーク、アレクシス・ド・トゥクビル、イポリット・テーヌ、バートランド・ラッセル、ジャック・マリタンら、錚々《そうそう》たる人物によるアンナ・ルソーの文献の数も無視できない量に達しています。

賛否、議論のふっとうするルソーの面目躍如といったところでしょうか。いずれにせよ、ルソーへの関心の昂《たか》まりが、思想的、文化的危機に対応していることだけは間違いなさそうです。

さて、〝現代〟は常に懐疑と不安の時代として認識されます。そこでは、政治、経済、教育、宗教等に対する疑いや不安が表れている。ことに、日本を含む先進国において、経済的豊かさは人間の幸福や善を必ずしも増さないのみならず、かえって、人間性を分裂させ、人間と人間、人間と社会、との関係を混乱させているのではないか、という疑惑があるのです。そのため、政治、経済、教育、宗教等、いわゆる現代文明に対して、さまざまな形の批判があらわれています。

ここでいう現代文明に対する批判とは、科学の進歩や経済成長に付随する負の面——自然破壊、経済至上主義、教育の荒廃、道徳の退廃等——を是正し、あるいは除去することを目的とするものです。しかし、文明批判は多くの場合、悲観的な見方(ペシミズム)から発しているようでいて、その実、どこか楽観的(オプティミスティック)な結論になりがちです。

なぜでしょうか。それは、現代文明の恩恵を日常、受けていながら、われわれの生の目標を考える段になると、現行の社会システムをいとも簡単に批判したり、否定したりする点で、批判者自身が自己矛盾しているからです。また、さらにいえば、その自己矛盾に気づかなかったり、それをあえて無視したりしている点で、〝気楽な〟批判でもあるからです。このような態度から発する批判は、自己中心的でバランスを欠いた見方になりがちです。

そもそも、現代文明をどのように評価するかは、われわれが自らの生の意味を問い直すという姿勢を明らかにして初めて、意義があるといえるでしょう。ところが、現代はさまざまな価値観に翻弄《ほんろう》され、わたしたちが依って立つ価値観が真実なものか否かを見分けることが困難になっているときです。

実は、このような状況は、今も昔も変わっていません。一八世紀のフランスで、ルソーもこのことに苦悩し、ようやく次のような考え方に立つことになったのです。

「達者にしゃべる連中の詭弁にいつまでも翻弄されているのか？　かれらがお説教する思想、あれほど熱心に他人に押しつけようとしている思想は、ほんとうにかれら自身の思想であるかどうか、それさえはっきりしないのだ。……かれらの哲学は他人のための哲学だ。わたしは自分のための哲学を必要とするのだ。……自分の思想を、原則を、ここではっきり確立させよう」

わたしたちも、政治、経済、教育、宗教等について、日常、依拠している価値観を時々は見返してみることが、広い視野に立って適切な判断をしていくためにきわめて大事なことと思われます。

とくに、二五〇〇年の時を越えて、みずみずしい感性と緻密な思考を基に、われわれに普遍的価値観を提示しているルソーの思想に立ち戻ってみることは意義があると思われます。しかも、ルソーの思想は、文明批判を緒として、今に大きな影響を及ぼしている近代政治思想の創造に至った点で、いっそう重要な意味をもっています。

あらためていうまでもないことですが、ルソーは『社会契約論』(Du Contrat social, 1762)や『エミール』(Emile ou du l'education, 1762)を著し、後世に、広く深く、計り知れない思想的影響を与えてきました。かれのレトリックを駆使した有弁な論説には、論争を引きおこさずにはおかない、強い磁力のようなパトスが感じられるのです。

実際、ルソーの思想から受けるインパクトは、内容それ自体とともに、その文体や表現と切り離せない点にあります。この点、ルソーは他の思想家と異なる際立った特徴をもっています。かれのペンのひと振りが、あたかも、魔法の杖のひと振りのように、眼前の世界を変えてしまうという特徴が、それです。むろん、読者はそれに共感するだけでなく、反発もする。しかし、それが、ルソーの思想なのです。

このようなルソーは、しばしば、思想についてのみならず、人物としても、巨大な謎、とらえがたい混沌《こんとん》とも評されて今日に至っています。

本書では、そのルソーが自ら、「常に同じ原則、同じ道徳、同じ信念、同じ格律」を展開したというかれの政治思想について考えてみたいと思います。

目　次／ルソーの政治思想

第六章　教育思想——子供の発見　109

ルソーの政治思想

根本俊雄　著

ルソー 40歳の頃

「すべての正義は神から来り、神のみがその源である。しかし、もし、われわれが正義をそんなに高いところから受けとるすべを知っているとしたならば、われわれは政府も法も必要としないであろう」

『社会契約論』第二編第六章

第一章　人間性の回復をめざして

1　『社会契約論』

「人間は自由な者として生まれた。
しかも、いたるところで鎖につながれている」

日頃、政治にとりたてて関心のない人でも、この一節を目にするときは、ある種、独特の思いを抱くであろう。いうまでもなく、これは今から二五〇年ほど前にフランスで公刊されたジャン＝ジャック・ルソーの著『社会契約論』の冒頭の一節である。

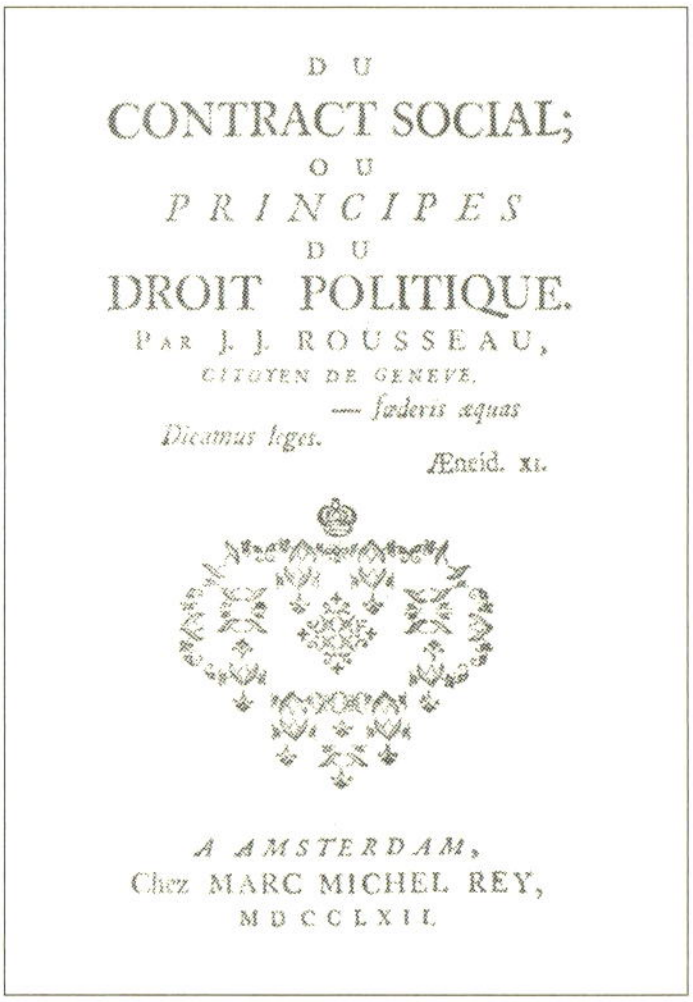
DU
CONTRACT SOCIAL;
OU
PRINCIPES
DU
DROIT POLITIQUE.
PAR J. J. ROUSSEAU,
CITOYEN DE GENEVE.
—— *fœderis æquas*
Dicamus leges.
Æneid. XI.
A AMSTERDAM,
Chez MARC MICHEL REY,
MDCCLXII.

『社会契約論』初版本

他に類を見ない鮮烈なこの一節によって、人民主権を基礎とする民主主義の書『社会契約論』がはじめられる。

「自由」と「鎖」という対極をなす表現は、これを読む者へまず、「わが身」の現状に目を向けさせる。これまで、自由だと思い、そのことを疑わなかったわたしが、鎖につながれている、というのだろうか。鎖とはいったい何のことなのか。

そこで、文章を読み進めると、続いてすぐに次のような文言がでてくる。

「自分こそ他人の主人であると思っているような人も、じつはその他人以上にドレイなのだ。どうしてこの変化が生じたのか？　わたしにはわからない。何がそれを正当化できるか？　わたしはこの問題は解きうると信じる」

ここで、「主人」と「ドレイ」という表現が目を引く。冒頭の「自由」と「鎖」と同様に、ここにも対極的な表現がある。

一般に、主人とドレイとを比較するとき、自由を享受しているのは主人のほうだ、と誰もが思っている。これに対して、ドレイは主人の恣意《しい》によって支配され、自由を奪われた存在として理解している。

ところが、ここに引いた文言の内容は、そのようには言っていない。むしろ、逆のことを言っている。

他人を従え自分こそ自由を享受する主人だと思っている人もドレイだ、と言っている。それどころか、自分が主人だと思い込んでいる者こそ、実は当のドレイよりも、より一層、ドレイの状態におかれている、と言っている。

2　人間らしい感情

ここでわたしたちは、『社会契約論』のいう「ドレイ」の意味が気になってくる。そこで、その正確な意味について知るため、ルソーの他の著作をひもといてみる。すると、『社会契約論』が公刊されるより一〇年前に出たかれのデビュー作品『学問・芸術論』のなかで、このことに言及している箇所を見いだす。

それは、「学問・文学・芸術は人びとがつながれている鉄鎖の上に花飾りをひろげ、人生の目的と思われる人間の根源的な自由の感情を押し殺し、人間にその隷従状態を好ませるようにし、文明化された民衆と称されるものをつくりあげた」という一節である。

当代の学問・文学・芸術が、人間の本来持つ自由な感情を押し殺したのだ、という。そして、学問・

文学・芸術が栄えれば栄えるほど、人間から自由な感情はますます失われていく、ともいう。だが、『学問・芸術論』はさらに続けて、学問・文学・芸術それ自体が決して悪いわけではない、それらを自らの虚栄心を満たすために利用する人間の心のありように問題があるのだ、そして、そうした心の状態を社会に行きわたらせてしまったのは、人間らしい自由な感情を押し殺してしまう偏見である、と糾弾している。

ここで糾弾の対象になっているのは、虚栄心からでてくる偏見である。偏見が社会をおおうことによって、人間は、自由で自然な感情を素直に表すという大切なものを失った。現に、学問・文学・芸術の隆盛が生み出したものは、真に有能な才能ではなく、人を喜ばす才能にすぎないではないか。

「われわれは物理学者、幾何《きか》学者、天文学者、詩人をもっている。だが、いまや市民をもっていない。あるいは、いまなお、市民が残っているとしても捨てて顧みられない田園に散らばって、かれらはそこで貧窮のうちに、さげすまれて死んでゆく。われわれにパンを与え、われわれに生きるミルクを与えてくれる人々が陥っているありさまとはこんなものであり、かれらについてわれわれが抱いた感情とはこんなものなのだ」

『学問・芸術論』をとおして、わたしたちは、『社会契約論』でいう「ドレイ」状態とは、わたしたち一人ひとりが社会的偏見を持った状態に陥っていることであることを知るのである。

3　社会的偏見

現代社会に生きるわたしたちは、好むと好まざるとにかかわらず、さまざまな偏見のなかで暮らしている。身近な周囲を見渡してみても、根拠の乏しい噂や評判など、先入観のもたらす偏見そのものと思われる情報がとびかっている。

偏見にもいろいろあるが、財産、地位、名声などの社会的評価があるかないかに基づく偏見は、多かれ少なかれ、誰もが経験するのではないだろうか。

これらの評価が高いとされる少数の人たちが、多数の「他者」を、物質的にも、精神的にも支配する。そうした「支配と被支配」を、一方では、当然とみなす「偏見」があり、他方では、やむを得ないと思い込む「偏見」がある。この「偏見」にとりつかれているありさまが「ドレイ」の状態だ、とルソーは言う。

いうまでもなく、人間はなんの社会的偏見も持たずに、この世に生をうける。『社会契約論』の冒頭にある「人間は自由なものとして生まれた」とはこの意味である。実際、偏見を持っていないということは、精神的束縛のない、差別する心を持たない状態である。これが「自由」の意味である。

ところが、人間は成長する過程で、学校や家庭をとおして、また、社会環境から影響を受けるなかで、徐々に偏見を身につけていく。「差別」する心を身につけていくのである。

「差別」とは、自分は他者に優越しているという感情である。そうした感情に共通するのは他者の心情に対する思いやりの欠如である。

元来、人びとの間に自然に存在する「差」は、それ自体、「差別」をもたらすほど重大なものではない。たとえば、肉体的体質が生来的に頑強か、虚弱か、という「差」は、そのもとは遺伝子による自然の差である。どちらが優れ、どちらが劣る、ということはない。

だが、この「差」を、優劣というモノサシをもって、人為的につくりだすことから生じる「差別」は、社会生活を営むなかで一人ひとりの偏見がつくりだしたものにほかならない。

したがって、「差別」は、人間の本来持つ自然な感情が生みだしたものではない。それは、偏見をもとにして、人為的につくられたものである。そこで、「差別」に象徴される社会的偏見は、他者への思いやりを欠く非人間的な感情といわれるのである。

4 「他者へのおもいやり」

『学問・芸術論』から『社会契約論』にいたる著作のなかで、ルソーは、人間が人間であるゆえんは、他者に対する「思いやり」、「いつくしみ」があるからである、と繰り返し述べている。

人間以外の動物でさえ、同じ種に対しては、死に至らしめるほどの打撃を与えることはしない。自然（神）が、動物に、いつくしみという本能を与えて下さったのであろう。

そして、自然は、人間にもこの本能を、与えて下さった。だから、人間はその本性においては、自然に従う正しい存在である。

ただ、自然は同時に、人間に理性も与えて下さった。

理性とは考える力である。とりわけ、人間に対しては、他の動物には見られない、高いレベルの理性（知力）を与えて下さった。そして、そのような理性は、「他者へのおもいやり」という本能と同様に、もともとは自然が与えて下さったものであるから、それ自体は正しい能力である。

だが、この理性は、社会に広がる偏見のなかで、「他者への思いやり」を失う危険性を絶えず抱えている。

それというのも、人間は、善く考えることができる反面、他者を傷つけ、そこなうように、悪しきことを考えることもできるからである。昔から、悪知恵《わるぢえ》という言葉もあるのである。

そこで、理性（知力）を善用するか、悪用するかの境目は、人が他者に対して思いやりの心情を持つことができるかどうかにかかっているわけである。

つまり、理性を善用する判断力が必要になるのだが、その判断力が、思いやりの「心情」そのものなのである。そして、この思いやりの「心情」こそが、「人間性」とよばれる資質にほかならない。

したがって、人は、「人間性」を自らの胸のうちに保つことができるか否かが、人間であるか否か、の分かれ道になる。

仮に、他者への思いやりを失い、理性を悪用することがあれば、それは自ら『人間性』を放棄したことになる。そのとき、人間は人間ではなくなる。それが、ドレイの状態という意味なのである。

5　ドレイ、すなわち人間性の喪失

自然(神)は、人間以外の動物に対してさえ、同じ種に対しては「思いやり」という本能を授けた。だから、「人間性」を喪失した人間がいるとすれば、それは、人間ではない。動物でさえない。それは、心を失った「怪物《モンスター》」だ、とルソーは言う。

そこで、自分こそ、他人の主人だと思っているような支配者がいるとすれば、その支配者は、そのように思うこと自体、「差別」「偏見」に蝕《むしば》まれて「人間性」を喪失した状態にある。ドレイ状態に置かれているわけである。

それでは、もう一方の被支配者は、「人間性」を保っているのだろうか。否である。服従を強いられている被支配者は、なるほど、自らを、他者を支配するようなご主人様とは考えていないだろう。その点では、被支配者にみられる人間性の喪失の度合いは、支配者のそれよりも軽い。

だが、かれらは、支配者をねたみ、そねむ。他者をねたみ、そねむという点では、被支配者も、「他者への思いやり」を失った状態にある。つまり、ドレイの状態にあるのである。

当代の社会はこうして、支配する人も、支配される人も、ともに人間性を喪失したドレイの状態に置かれていることになる。

ただ、支配者の方が、自分こそ他者を支配する主人だと思い込んでいる分だけ、被支配者よりいっそう強固な偏見におちいり、よりいっそう人間性を失った状態にある。他人を服従させ、支配している人は、被支配者よりもっとドレイの状態に陥っているのだ、という文言（「自分こそ他人の主人であると思っているような人も、じつはその他人以上にドレイなのだ」）の意味は、このことなのである。

6　正当な社会

どうして、「人間性」を失わせるような支配と被支配の関係ができてしまったのか。このもともとの原因について、ルソーは、「わたしにはわからない」と言っている。この一言を読むとき、わたしたち読者は、ルソーが実に正直で率直な人物であると感じるに違いない。

おそらく、太古の昔には社会的偏見に基づく差別はなかったであろう。それは、当代の社会をつくりあげてきた長い歳月を経るなかでつくられてきたのであろう。だから、そのような社会的偏見を生みだしたもともとの原因を知るには、人類史のはるか源にまでさかのぼらなければならない。しかし、そんな大がかりな探求はできないから、「わたしにはわからない」と言っているのである。

だが、すぐに続けてルソーは、支配者も被支配者も、ともに社会的偏見に蝕《むしば》まれてしまっていること、そして、そうした偏見の上に築かれた当代の「社会」が、他者への思いやりを失った社会、すなわち、「人間性」を失った不当な社会だということはわかる、と言っている。人間性を失った状態に置かれているという点では、支配者も被支配者もともに犠牲者なのだ、ということである。

したがって、支配者も被支配者も、ともに偏見のなかで見失った「人間性」をいかにして回復するか。このことが、わたしたちの解決すべき課題なのだ、ということになる。

こうして、偏見に基づく支配と被支配の関係を、人間性に基づく正当な社会関係につくりかえるための理論を考えること——それなら、わたしにもできると信じる、とルソーは述べているのである。「なにがそれを正当化できるか？　わたしはこの問題は解きうると信じる」というのは、そのような意味である。

7　人間性の回復

ここまで述べてきたことが、『社会契約論』の展開する思想の核心である。のみならず、ルソーの政治思想の最も中心をなすテーマといってよい。

実際、人びとの幸福は、知識よりも、心情や道徳という「他者への思いやり」のなかにある。この認識が、ルソーの政治哲学の基礎である。

そして、ここまで見てくると、最初に紹介した『社会契約論』の冒頭の一節に込められたルソーの問題意識は、わたしたちが抱える現代政治の問題点と決して無縁ではないことに思い至るであろう。否、無縁でないどころではなく、現代政治の問題点そのものであることを痛感させられる。その問題点とは、現今の日本、そして、世界において、「人間性」が見失われる傾向にあるということである。

たしかに、『社会契約論』の冒頭の真意を理解することによって、わたしたちは、現代の政治が引き起こしている問題の深層に、「人間性」の欠如があることを知るのである。

人びとが失いつつある「思いやりの心情」、すなわち、「人間性」を取り戻すことのできる社会をいかにしてつくりあげるか。この問題意識のもとに、『社会契約論』はいよいよ、権力、社会契約、一般意志、主権、さらに、立法者、市民宗教といった、政治の核心にあたるテーマへと進んでいくのである。

第二章　祖国に生きる

1　社会契約

これまで『社会契約論』の冒頭の文言を読み解いてきたが、そこでつねに問題となっているのは、いかにすれば、「人間性の回復」をはかることができるかということであった。

そこで、あらためて『社会契約論』を開くと、この書で簡潔・明瞭に説かれているのは、すべての人間社会は契約によって成り立っている、ということにある。

人間は社会をつくり、互いに共存していくために、秩序を必要とする。人は秩序ある社会に生きる権利を持っている。したがって、社会秩序はすべての他の権利の基礎となる神聖な権利である。

しかし、この権利は自然から出来するものではない。つまり、いかなる人間もその仲間にたいして自然的な権威をもつものではないし、また、暴力を含む一切の力はいかなる権利をも生みだすものではない。そこで、人間のあいだの正当なすべての権利の基礎としては、約束だけがのこることになる。「人間の権利」はだから約束、すなわち、契約にもとづくものである。

しかも、この契約は、すべての人が平等のなかで結ばれる「社会契約」でなければならない。なぜなら、契約するとき、一方に絶対の権威をあたえ、他方に無制限の服従を強いる「服従契約」は、空虚な矛盾した契約だからである。そのような契約は、自由の放棄、人間たる資格の放棄、であり、正当な契約ではない。

いかなる人であれ、すべてを放棄する人には、どんな償《つぐな》いも与えられない。こうした放棄は人間の本性と相いれない。意志から自由をうばい去ることは、おこないから道徳性をうばい去ることだからである。

さて、すべての人が平等のなかで結ばれる社会契約は、時代によって暗黙のものであったり、承認されたものであったりするが、それは問題ではない。重要なのは、この契約を承認し、その履行様式を準備したり起草したりする主権が人民にある、ということである。

したがって、人民に命令を下す上からくる権威などというものは、もはや問題ではありえない。なぜなら、王の権限・権力は神からやってくるという王権神授説《おうけんしんじゅ》は、ここにくつがえされるからである。このことは、王権神授説の根拠となっていた「服従契約」思想が、「社会契約」思想にとって代わられたことを意味する。

れるのである。

「国王」が国王であるのは、人民の意志、すなわち、契約者全員の至上の意志によってのみ、承認されるのである。

もちろん、人民は国王をもつことができる。しかし、同時に、国王が国王であるための規則を決めるのは人民であって、その際、人民は国王をもたないという政治制度を選択することもできるのである。だから、人民は自分を王に与えるまえに、まず、人民なのである。この贈与行為そのものが、人民としての行為なのである。それは人民の議決を前提としている。このことから、人民が王を選ぶ行為を調べる前に、人民が人民となる行為を調べることがはるかに重要になるわけである。

2　自由と責任

わたしたち一人ひとりにとって、自らの生命と財産をまもり、与えられた人生のなかで、自分の性格に合う好きな仕事をして、その仕事が社会に役立つ。そうあることは、わたしたちの等しく願う「人生の理想」であろう。

この理想をより多くの人びとが達成できる社会こそ、「同胞への思いやり」が行きわたる社会といえよう。だが、おそらく誰もが感じているように、多くの人々がうごめき、ひしめき合う現実の社会で、こうした「理想」を達成することは、決して容易なことではない。

いうまでもなく、自らの理想を実現するためには、一人ひとりの努力が欠かせない。だが、それだけでは不充分である。特別に天分を持つ人を別にすれば、ふつうの人間の能力と努力には限界があると思われるからである。そこで、努力が成果に結びつくように、社会環境を整えることが必要になる。

そのひとつが自由の保障である。そもそも、自由とは、野放図でもなければ、わがままでもない。むしろその本質は、規律と責任にあるといってよい。

なぜなら、一人ひとりが自らの理想を達成するうえで欠かせない自由は、社会秩序があって、はじめて享受できるものだからである。そして、このような観点から、自由を探求した人物が、ルソーその人なのである。

ルソーによれば、自由は国家の秩序と分かちがたく結びついている。

つまり、国家と政府の責務は、国民に自由を保障することにあるのだが、同時に、国民に対して責任を課すこともかれらの責務なのである。国民の自由を保障し、そして、国民に自由のもたらす責任を自覚させる、という盾の両面は、社会の秩序を維持するうえからも欠くことのできないものである。

もっとも、社会の秩序が誰にとって利益となる秩序なのか、という問題はある。一部の特権的な階層にとっての利益なのか、それとも、国民全体にとっての利益なのか。言うまでもなく、だいじなことは、国民全体にとって利益となるような秩序である。

この問題は、ルソーの政治理論のなかで、「一般意志」というテーマとして現れる。

一般意志とは、国民全体の利益、すなわち、公益を意味する。

もし、秩序が国民全体に利益をもたらすのであるならば、その秩序のなかで国民は自由を保障されるかわりに、そこから生じる自らの責任を受け入れなければならない。自由の保障とそれにともなう責任は表裏をなすものだからである。そして、自由の保障と自由に伴う責任とは、平等の条件で結ばれる社会契約から導きだされなければならないことになる。

3　市民と公教育

以上に見たように、自由と責任は、わたしたちが、国家の一員として生きていくうえで欠かせないものである。だが、自由といい、責任といい、それらは自然に身につくものではない。これを身につけるためには教育、とりわけ、「公教育」が必要になる。

「公教育」とは、自由を享受し、あわせて、責任を果たす能力をもつ市民をつくる教育、という意味である。

ここで市民という用語がでてきたが、その意味するところは、自由を享受し、責任を果たす能力をもつ国民を、「市民」と呼ぶということだ。そのような「市民」はまた、政治の方向を決める「主権者」でもある。これが、今日いうところの国民主権である。

この点についてルソーは厳密に、「共和国の構成員については、集合的には人民という名であり、個々には主権に参加するものとしては市民という名であり、国家の法律に服従するものとしては、臣民という名を持つ」と定義している。

だから、ここでいう市民とは、どこかの市に住民票を届けでて暮らしているという意味の市民ではない。そのような場合は、市民という用語ではなく、住民としてあらわすことになる。

都道府県、市区町村のどこに住み、どこで暮らそうとも、要は、自由と責任の両面を担うようになったとき、わたしたちは「市民」と呼ばれる存在になるということである。

もうひとつ留意しなければならない点として、学校経営ということと公教育とは、本質的に、無関係であるということにも触れておこう。

ふつう、国立や公立の学校という場合、それは、国や地方自治体が学校経営を行っているという意味である。私法人が経営を行っているのが私立の学校という意味である。このように、私立、国立、公立という言い方は、学校の経営形態の種別を意味するものである。

なぜ、このようなことをわざわざ述べるかというと、公教育の目的は、市民に対して自らの私的利益と公益とのかかわりがどのようなものなのか、を考えさせるところにある。そこで、そのような公教育を行っているかどうか、ということと、私立、国立、公立という経営形態の種別とは無関係だということをわたしたちははっきり確認しておく必要があるからである。

4　徳の擁護

公教育が市民をつくるうえでだいじな役割を担うことを理解したうえで、それでは、そこで教えるべき具体的内容はどのようなものでなければならないのだろうか。

それは、一言にして表すならば、「徳」を学ぶことである。徳について、ルソーは簡潔に、「特殊意志と一般意志の合致」と述べている。

特殊意志とは、市民一人ひとりの私的利益のことである。一方、一般意志とは、先にも触れたように、国民全体にとっての利益、すなわち、公益のことである。だから、「特殊意志と一般意志の合致」とは、市民一人ひとりの私益と国民全体の公益とが矛盾せずに、合致する状態を意味している。

だが、実際には、この合致が常に実現するとは限らない。しかし、これを合致させないままに放置すれば、市民同士が相反する利害のなかで互いに分裂し、公益がそこなわれてしまう。そうなれば、おおかた、私益が公益に優先し、利己主義が蔓延《まんえん》して、他者を思いやることのできない社会になってしまう。

そこで、他者を思いやることのできる社会をつくるためには、この二つの意志を合致させることが欠かせないことになる。そうあってはじめて、市民は、自らの利益を得るとともに、国家と同胞に対しても献身できることになる。この献身が、美徳、すなわち「徳」なのである。

むろん、時として私益を犠牲にして、国家と同胞へ献身する市民もいないではない。だが、それは例外である。それで、そのような例外的な人物に対して、わたしたちは大いなる敬意を表して偉人、英雄と呼んでいる。

しかし、ふつうの市民に偉人、英雄と同様な献身の実践を要求することは、無理な話しである。そこに、一人ひとりの市民が徳を実践できるような制度なり、機構が必要になるわけがある。

ルソーの政治論における「徳」とは、おおむね以上のような内容を持つのだが、このほかにもいくつかの特性がある。

まず、かれのかかげる徳は来世での幸福を目指すものではない。それは、市民が社会生活の中で日々、なさねばならないことを行なおうとする際に欠くことのできない同胞との結びつきや相互理解の必要性を教えてくれる社会性を持つものである。

また、この社会的な徳は、自然から与えられる恵みや美を十分に理解し、そのありがたさ、尊さを決して忘れることのない人びとに与えられるものでもある。そのような人びととは、自らの幸福のためには無益な知識を必要としない人びと、また、自然に近い生活をすることによって自ら満足しうる労働者や農民、さらには、つつましい暮らしをする普通の人びとである。

そして、そのような人びとは、たとえば、ルソーの祖国であるスイスの市民や、かれが少年時代の読書をつうじて知った古代ギリシャの都市国家スパルタのなかに見いだせる謙虚さをもった市民のことである。

つまり、徳は市民精神の輝かしい証しであり、公共精神の象徴なのである。

ルソーは、このような特性をもつ徳を擁護することが、人間性の回復につながり、正当な国家の創造にもつながる、と考えたのである。

5　政府の責務

今、述べてきたように、徳を擁護し、人間性の回復を実現するには、市民一人ひとりの私益が、公益に反することのないようにする必要がある。そして、そのために市民自らが、私益と公益の一致点を判断することがだいじになるわけである。だが、わが身にひきあててみればわかるように、わたしたちはどうしても私益を優先させがちである。そこで、私益と公益との一致点を市民に理解させるうえで重要になるのが、政府の責務である。

政府には、公益を達成しようとする一般意志が、市民の心のなかに自然に生まれてくるような条件をつくりだす責務がある。いいかえれば、政府の責務とは、市民のなかに「公共精神」を育むことにある。そして、そのための公教育を受けることができるように、政府は市民に保障しなければならない。政府がこうした責務を果たし得たかどうかを判定する基準は、市民の間に著しい経済的格差が生じることのない社会をつくることができたかどうか、にかかっている。

したがって、こうした役割を遂行する意思も能力もない政府は交代させられるような制度なり、仕組みをつくっておかなければならない。それというのも、いつの時代においても、無能な政府ほど、市民全体の公益(一般意志)ではなく、政府自体の利益(特殊意志)を追い求めるようになってしまうものだからである。

今日でも例をあげれば、天下りや談合入札など、この手の話しにはこと欠かない。

中央、地方を問わず、そのような政府は、税金をまるで勝手に処分できる自分たちの財産であるかのように錯覚し、湯水のようにこれを使い込み、あげくには、市民の利益を損ねてしまう。

政府が自らの特殊意志を追い求めるようになることを避けるためには、今日、マスコミでも散々いわれているように、官僚の天下りを禁止することが先決であろう。また、知事や市区町村長の任期を制限することが真剣に考えられなければならない。公共の役職に就いて、精魂を傾けて仕事をした場合、それに消費するエネルギーは莫大であり、数年もすれば、そうしたエネルギーは大方、消耗してしまうものである。

だから、一〇年間、あるいは、一五年間も公共の役職に就いているというようなことがあるとすれば、その人は、仕事に対して充分なエネルギーを注いでこなかった、ともいえるのである。

それどころか、長期にわたる役職の独占は、政治や行政の私物化につながり、天下り先の確保や談合汚職などをやらかす者もでてくる。また、身内の重用や役所への出勤が週に二〜三日というような、普通の勤労者、生活者の感覚から大きく逸脱した都知事もでてくる始末である。その結果、市民に物心両面で大きな損害を与える例は、古今、枚挙にいとまがないところである。

そのようなわけで、首長のなかには四期一六年や、五期二〇年も在職する者もいるが、名誉欲と権力欲でその地位についているだけと思われてもしかたがないであろう。おそらく、その人の仕事へのエネルギーは抜け殻になっているに違いない。

この点で参考になるのは、アメリカである。大統領職に象徴されるように、任期は二期八年までと定められているが、やはり民主主義の国である。長くとも、これくらいがいいところであろう。

このようなことを述べるときまって、任期を限ることは憲法に保障された職業選択の自由に反するとか、高齢者の人材活用という考え方に逆行するとか、もっともらしい反論が出てくるが、そんなことはない。

首長など、権限が集中する公職で長くても二期八年のあいだ、仕事をしたら、退いて、その経験を生かす非営利的なボランティアで活動するなど、いくらでも仕事はある。これこそ、経験豊かで、優れた判断力をもつ高齢者の人材活用であろう。教育が国民全体に広く行きわたらなかった過去には、余人をもって代えがたい、などの言い方も通ってしまったのであろうが、しかし、今は時代が違う。

だいたい、そのようなことをいう人たちは、役職から自らの私益を引き出そうと考えているものである。つまり、特殊意志を求めているのである。だから、市民全体の利益である一般意志(公益)をまもるためには、同一の人物や勢力が長く公の役職につけないような制度や仕組みを整備することが、最優先されなければならないのである。

人間の能力にことさら大きな違いがないことは歴史が教えてくれているのであるから、長くとも、七〜八年で交代することが必要であろう。わたしたち「市民」もこのことをはっきりと自覚することが必要である。ズルズルと妙な妥協をしても、なんのプラスにもならないのであるから、ここは市民が投票行動などを通じて、公益である一般意志の実現に寄与することが大事なことである。

6　公共精神

もし、政府が無能であり、政府としての役割を果たすことができないとなると、どのような現象があらわれるであろうか。

そのひとつは、市民の一部に、富貴と奢侈《しゃし》が蔓延《まんえん》してしまうことである。富貴と奢侈は、持つ者と持たざる者との格差を市民のなかに徐々に広げ、市民相互の絆を分裂させてしまう。今もさまざまな分野での格差が大きな問題になっているが、経済的に著しい格差が生じると、国民のあいだの協調精神が失われてしまうものである。そうなると、国家の分裂と衰退は避けられない。

そこで、このような事態を回避するためにも、市民が公共精神を持つことのできるような施策を展開する必要がある。そうした施策が実効をあげていけば、市民は、自らの利益のためにだけその全エネルギーを使い果たすようなことはなくなるはずである。そして、このことが、自らが生きる国を祖国と感じさせてくれることにもなるのである。

この点について、ルソー政治思想の研究者として著名なチャールズ・ヴォーン氏が、次のように述べていることは参考になる。

「ルソーにとって、国家の至上の価値は、市民の魂に刻み込まれた公共精神にある。かれの理想とした公共精神は古代ローマやスパルタのような国家のなかではぐくまれた熱烈な公共精神と同じものである。ルソーはこのことを子供の時に読んだプルタルコスの中の英雄、たとえばファブリキウスやレグルス、アゲシラスやリュクルゴスから学んだのであり、これらの英雄が持つ資質はルソーが他のなにものにもまして尊敬したものであった。というのは、これらの英雄は、かれら自身のためにではなく、かれらの祖国のために生きたからである」

公共精神をもつことができるのは、自由と責任を自覚する市民である。そして、そのような市民にしてはじめて、同胞と祖国に献身できる。この献身そのものが一般意志と特殊意志の合致である徳にほかならない。ここに、「徳は、市民にとっては同胞への思いやりである祖国愛と同じこと」という論理に結びついていくのである。

7 「祖国愛」を学ぶ

そもそも、国家が市民から、愛されるようになるのはどのような理由によるのだろうか。その答えとしてまず第一にあげられるのは、おそらく、国家が市民の生命、財産を守ってくれるからであろう。次いで、市民に対して、教育を受けることを保障してくれることも大きな理由であるにちがいない。公教育を受けることによって市民の価値は高まり、市民は、自らの価値を知ることになるからである。どんな人にとっても、自らの存在価値を認められるほど、嬉しいことはないにちがいない。

だから、市民にとって、もし、自らの価値を高め、自らの価値を教えてくれる国家であれば、そのような国家は、あたかも、常に暖かく自分を見守ってくれる父母と同じように感じられる存在となるであろう。そうした国家は、市民にとって、心の故郷であり、祖国にほかならない。ここに、祖国への愛が自然と生まれることになる。

市民のなかに生まれた祖国への愛は、当然、市民の心の内に熱情となっていくにちがいない。したがって、市民の内にある熱情は、これをたいせつに育くむ必要がある。

ひるがえって、もし、祖国愛を教えるという目標を失った教育の下では、人はどのような価値観を持つようになるだろうか。まずは、自らの私益を追い求めるだけのエゴイストになり果ててしまう。エゴが、人間のわがままな気質に拍車をかけるならば、多くの人びとは、わがままでエゴイストになった自らの気質をふりすてることはできなくなるものである。そのような人は、もはや市民とは呼べない。したがって、「祖国愛」を教え込むには、わがままを矯正できる年代、すなわち、人生のできるだけ早い時期が良い、ということになる。

実際、ルソーもいうように、「ひとは生まれながらにして市民であるという権利に預かっているから、われわれの誕生の瞬間は、われわれの義務履行の始まりでなければならない」のである。

そして、市民をつくることは一日にして成る仕事ではない。そうであれば、なおさらのこと、人は誕生の瞬間から「祖国愛」を学ばなければならないことになる。

「われわれは人民を有徳たらしめんと欲するのか。それならばかれらに祖国を愛させることから始めよ」

さて、これまで見てきたように、『社会契約論』の冒頭を読み解いてくると、そこで述べられていることは、人間性の回復を目標として、祖国に生きる有徳の市民こそが、自由を享受するに値する存在であるということにあった。そして、このような意図を持つルソーの政治原理は、精緻《せいち》で美しい体系をなしており、今日に至るまで、世界に大きな影響を及ぼしているのである。

それでは、ルソーが『社会契約論』を執筆する背景となったフランスの歴史の姿はどのようなものであったか。そしてまた、政治思想の研究にささげられたルソーの前半生はいかなるものであったか。以下、順を追って見てゆくことにしよう。

コラム　ルソーの予感と天才

『社会契約論』第二編第十章「人民について」の章末に次のような文言がある。

「ヨーロッパには、立法可能な国がまだ一つある。それは、コルシカ島である。この人民がかれらの自由を取りもどし守りえた、勇敢不屈さは、賢者がかれらにこの自由をながく維持する道を示すに値するであろう。わたしは何となく、いつかこの小島がヨーロッパを驚かすであろうという予感がする」

『社会契約論』の公刊から三十数年後に、コルシカ島からナポレオン・ボナパルトがあらわれ、ヨーロッパ世界を驚かせることになる。ルソーの予感はあたった！　のである。

青年時代のナポレオン・ボナパルト

近代政治思想の幕をあけたイギリスのトマス・ホッブズは、その著『レヴァイアサン』のなかで、自然状態を人類の闘争状態ととらえ、その状態を克服するための絶対権力を(絶対主義主権)を導き出した。

これに対して、ルソーは、自然状態を人類の理想状態ととらえ、人民の一般意志(公益)のみが絶対的な善であるという結論に達した。

ホッブズのいう絶対権力なり、ルソーのいう絶対的な善については、これらを導き出すために両者とも「服従契約」を否定することが必要だった。そのうえで、ルソーは、ホッブズの絶対主義主権論をくつがえして、人民主権論に転化させ、これを革命的な民主主義の理論として再生させた。ここにルソーの天才的な着想があったのである。

第三章　ルイ一四世の親政

1　貴族と民衆の格差

一六四三年、フランスは時代の変わり目にあった。宰相リシュリューと国王ルイ一三世が相次いで世を去ったのである。この二人の統治下にあった三十余年間は、貴族の反乱、宗派の争い、農民一揆、対外戦争と多難のときであった。

このあとを引き継いだのが、いまだ五歳のルイ一四世と宰相のマザランである。このとき、王母アンヌは幼い王を支え、政権のかじ取りを行うため、摂政に就いた。そして、それからさらに一八年後の一六六一年三月、マザランが没した。国王ルイ一四世はすでに二三歳になろうとしており、マザランの死を機に、権力を自らの手中に掌握することを決意した。

以後、国王ルイ一四世が死去する一七一五年までの五四年間にわたり、自ら政務をつかさどる国王親政の時代になったのである。

ルイ一四世は財務総監に、マザランの忠実な家司《けいし》であり、優れた財政家でもあったコルベールを登用したが、当時、ヨーロッパにおける国家間の力関係は複雑な様相を呈していた。

すなわち、スペイン、ドイツの没落と、オランダ、イギリスの隆盛である。

フランスがそれまで国家間の交渉相手としてきたのは、スペインであった。ところが、一七世紀半ば以降、スペインのハプスブルグ王家が衰退し、そのためフランスは輸出貿易が不振に陥っていた。

一方、農業技術の分野でもオランダ、イギリスはその大改革を進めていた。しかし、伝統的な農耕法に固執するフランスは、この分野でも、オランダ、イギリスに大きく水をあけられていた。ここに、フランス経済は長期的な不況期に入っていたのである。

そこで、この事態を打開するため、コルベールは、貿易における保護関税主義と、国内産業への国家の介入による育成政策を断行した。産業育成政策は、国内の特権企業であった高級毛織物工業や、ガラス・砂糖精製などの奢侈製品部門、それに鉱山など、王権の存立に不可欠の産業には一定の恩恵をもたらした。

だが、就業比率の大部分を占める農業、あるいは、小都市にある手工業や下請け部門の企業までには、十分な経済的成果は行きわたらなかったのである。

2　ヴェルサイユ宮殿と租税の急増

一方、ルイ一四世の豪奢な宮廷生活を維持するさまざまな事業が行われてきたのも、この時代の特徴であった。その最も代表的なものが王宮の建設である。

国王は親政スタートの時点でも、サン＝ジェルマン宮、フォンテンブロー宮、それにルーヴル宮を持っていた。このうち、ルーヴル宮に国王は幼いときから母親アンヌとともに居住していた。しかし、フロンドの乱（一六四八～五三年）に際し、蜂起した民衆がこの宮殿に乱入した暗い思い出から、ここを好まず、新たな王宮を建設したいという熱望を抱いていた。それが、今日もその豪華さで知られるヴェルサイユ宮殿である。

ヴェルサイユ宮殿は、一六六一年の親政開始とともに、三〇年以上の歳月と、三万六千人以上の職人、六千頭以上の馬を調達して、その造営が始まった。それから二十余年を経た一六八二年、国王はルーヴル宮を引き払い、宮廷人の大群を引き連れてヴェルサイユ宮殿に移った。宮殿に暮らす宮廷貴族は一千名を越え、その従者は四千名にも及んだという。

ここに、先に触れた対外戦争のための戦費の増大とあわせて、ヴェルサイユ宮殿の造営・維持のためには莫大な租税収入が必要となった。そのため、ルイ一四世による親政は、租税急増の時代になったのである。

だが、この租税の増徴は、農民、手工業者ら、民衆の強い反発を招くことになった。事実、ボルドー地方、ギュイエンヌ地方、ブローネ地方、ガスコーニュ地方、ヴィヴァレ地方などで、反税一揆が農民、手工業者らによってひきおこされている。これらの一揆はすべて国王親政初期の一六六〇～七〇年代におこっている。はやくも民衆と国王との対立、衝突があらわれていたのである。

そして、国王の信任が厚かった財務総監、コルベールが一六八三年に亡くなって以降、国家財政は危機から破綻《はたん》へと進み、親政政治は落陽を迎えたのであった。

3　古典文化の隆盛

ルイ一四世のブルボン王朝は、絶対君主国の特徴に共通するカトリックの信仰と一体となっていた。このことは王太子の師傅《しふ》をつとめた人物が、王権神授説を唱えたボシュエであったことを見ても明らかである。

ルイ一四世自身は信仰に厚い人物ではなかったが、寵愛《ちょうあい》するマントノン夫人の影響から、プロテスタントとジャンセニストを弾圧していくことになる。だが、そうだからといって、国王とカトリック・ローマ教皇庁との関係が良かったかといえば、そうはならなかった。とくに司教座の空位が発生したときなど、その人事をめぐり双方ははげしく対立した。こうしたおりには、国王が譲歩し、一件落着するものの火種は残ったのである。

このような絶対王制の下でのルイ一四世は、「朕《ちん》は国家なり」という文言なり、「太陽王」という名称で呼ばれたことで有名であるが、たしかにその治世は、ブルボン王朝の最盛期を現出した。そしてこの国王は、文化面でも、広範な領域にわたりこれを大いに庇護《ひご》したのであった。

実際、かれはヴェルサイユに宮廷人を集め、はなやかな祭典を開いた。その祭典のなかでくりひろげられる芝居やオペラが饗宴《きょうえん》をいろどっていた。

一方、貴族たちの最大の関心事は、王の恩顧を受けることにあり、そのためにはひたすら「太陽王」の御機嫌を伺う日々でもあった。民衆のくらしとは隔絶した国王と臣下のくらしは贅《ぜい》をきわめたものであったが、反面、こうしたルイ一四世の宮廷に、文化面で多くの作品が生みだされたことは注目に値する。

4　花開く近代文学

ことに文学や哲学などの分野で今に名を残すすぐれた作品が現われている。

劇作家のモリエールは『タルチュフ』を著し、ラシーヌは『守銭奴』で知られる。ラ＝フォンテーヌが『寓話詩』を書き、ラ＝ロシュフコーの『箴言書《しんげん》』やラ＝ブリュイエールの『人さまざま』などは、すぐれた人間観察の書として今に伝わっている。とくに、ラ＝ブリュイエールは農民の悲惨や徴税請負人の悪徳などにきびしい批判のペンをふるっている。

また、パリの貴族や上層市民の間に流行した社交生活、文学サロンは、すぐれた女流作家の登場をもたらした。心理小説として名高い『クレーヴの奥方』の作者であるラファイエット夫人、知性と想像力にみちた母親の愛の記録として知られる『書簡』を著したセヴィニエ夫人はその代表である。なかでもラファイエット夫人の『クレーヴの奥方』は、今も多くの人々に読みつがれる人間心理の真髄《しんずい》を描いたフランス文学史上の名作である。

ここで少しわき道にそれるようだが、フランス絶対主義体制下の宮廷人を描いた典型のひとつである『クレーヴの奥方』について、作者のラファイエット夫人とともに触れておこう。

5　ラファイエット夫人

マリ・マドレーヌ・ピオシュ・ドゥ・ラヴェルニュ、すなわち、のちのラファイエット夫人は一六三四年三月、パリに生まれた。父親はブルジョア出身の数学者、技師で、母親は、同じブルジョア出身の小貴族の娘であった。

父親は、ラファイエット夫人が一五歳のときに亡くなり、翌年、母親は他の男性と再婚したが、義父の縁から若きラファイエット夫人は古典派の学者より教育をうけることになった。

また、かの女はこのころには、名のある尼僧院長や当時の王弟オルレアン公の妃だったアンリエットに会うなど、宮廷との縁を深めていった。夫人は、少女時代から歴史や語学に才能を示し、また、ロマネスク(幻想的な)小説の愛読者でもあった。

ラファイエット夫人

一六五五年、夫人二一歳のとき、ジャン・フランソワ・ラファイエット伯爵と結婚し、二人の息子をもうけた。夫の伯爵はごく平凡、善良な人だったらしく、当時、この評判の才女の配偶者として種々話題になったといわれる。一方、夫人は子供の将来のための重要事にはいつも夫と協力してやっていたという。次男ルネは後年、夫人が亡くなる一カ月前、国王により歩兵旅団長に任じられている。

夫人は友人との談話や読書を楽しみ、つつましい生活を送った。夫人四九歳のとき、夫のラファイエット伯爵が亡くなった。そして、それから十年後の一六九三年五月、夫人は五九歳で世を去った。『クレーヴの奥方』は、夫人が四三歳のときには書き終えていたといわれる。夫人が四四歳のとき、この作品は作者名を記さず出版され、四五歳のときには、イギリス・ロンドンにおいて英訳された。出版時から、評判となり、多くの人々に読まれたという。

6 『クレーヴの奥方』

『クレーヴの奥方』は宮廷サロンでいとなまれる社交生活のなかにあらわれた男女間の心の葛藤《かっとう》を描いたものである。時は一七世紀前半、アンリ二世在位の晩年、クレーヴ男爵夫人と、旧名家の貴公子、ヌムール公爵との宮廷での出会いを舞台として、この物語は始まる。

シャルトル家の令嬢は早くから母親のシャルトル夫人より、家名に恥じない女性として、貞潔を守ることを始め、いくつかの心得を教え込まれる。年頃になったシャルトル嬢は、母親の決めた、シャルトル家にふさわしいクレーヴ殿を紹介される。

クレーヴ殿は、シャルトル嬢の美しさと奥ゆかしさに心惹《ひ》かれ、かの女に深い愛を感じる。二人は結婚し、シャルトル嬢はクレーヴ殿の奥方になる。だが、奥方は夫のクレーヴ殿に対し、尊敬の念はあるものの、充分な愛を感じることができない。

奥方は、尊敬と愛情とは違うことを感じながらも、日々の生活を送り、貴族の通例として、宮廷のサロンにも出席するようになる。華やいだサロンはまた、国王をめぐる王妃と愛人との争いなど、ドロドロとした情念の場でもある。

そうした社交の場に現れたのが、武勇、容貌ともに優れていることでは無比とうたわれたサロンの花形、ヌムール公である。

ヌムール公は、奥方に接し、強く引かれ、やがてその想いを奥方に伝える。そのとき奥方は、それまで経験したことのない、気持ちの高ぶりを覚える。

夫のクレーヴ殿は、奥方のこれまでにはみられない変化に気づく。一方、奥方は、恋の想いと、夫への尊敬とのあいだで、悩む。

ある日、奥方は、つらい心のうちを夫に打ち明ける。そうすることによって、夫、クレーヴ殿の庇護を求めたのであるが、結果は、心に悩むものを二人生じる結果になってしまう。夫婦のあいだには、心理的な葛藤が生じ、相互に理解しようとする努力が続けられるのであるが、しばらくして、クレーヴ殿は病を得、やがて亡くなる。

ヌムール公は、クレーヴ殿が亡くなったことに弔意を示しながらも、二人が結婚するための障害はなくなったことを強調し、奥方を説得する。

しかし、奥方の心境は、ヌムール公が予想したとは全く逆の方向に行く。生前、あれほど自分の熱愛している妻が他の男の恋に心を動かしたという悲しみに耐えてきた夫、そして、その夫が死にのぞんで、自分がその人と結婚しはしまいかと、心配していたことを思いだすと、奥方はかえって、ヌムール公から遠ざかる気持ちを強くしていく。

他方、ヌムール公は、奥方への思いを切々と訴える。公の理をつくし、心を傾けての思いをきくと、ときには奥方も道理や義務の念がくずれそうになってしまう。

そうした折、奥方は病に伏せる。このことが、奥方に人生の諸相をこれまでとたいそう違った目でみさせ、自分の義務と関係する夫、クレーヴ殿の思い出に気持ちを近づけることになった。そこでは、この世の色恋などというものが、平生より、ずっと深い洞察力をそなえたひとびとに見えるようなすがたで、奥方にながめられた。

やがて奥方は、自らが信頼する一人の立派な婦人に頼んで、公とは直接に会わない決心をする。ことの重大さを知ったヌムール公は、それでもなお、あきらめ切れず、その婦人をつうじて、奥方を呼びもどすために変わらぬ思いを述べる。

だが、奥方は最終的に、公への手紙をその婦人に託す。

「お姿を見ては堅固にしていなければならない気持ちを乱すと思ってお会いしないのを、無礼とお考えにならないでください。私は義務と平穏な生活があなたにおもちしている好意と両立しないことを知ったので、そのほかの事がらにはいっさいの興味を失いました。

もうそういうことは永久に見捨てたのだとお思いくださいまし。私に残っている唯一の望みは、いまの私のような静かな心におなりになったあなたにお会いしたいということでございます」。そういうことわりであった。

ヌムール公の悲しみは、深いものであったけれども、歳月が公の苦痛をやわらげ、やがて恋の火も静まっていく。

奥方は、一年のなかばは修道院に、その残りは自邸ですごすのだったが、その浄《きよ》らかな生活は、もっとも厳粛な僧院にもみられないようなものであった。

こうして奥方の一生は、それはかなり短いものだったが、ほかに類のない貞淑の鑑《かがみ》としてたたえられた、としてこの物語は終わるのである。

7　評価

ルイ一三世治下のフランスでは、小説は数多く書かれ、それを愛好する人も多かった。当時の小説は中世以来の騎士道物語に、多分に写実的な恋愛をそえた空想的な内容であった。『滑稽物語《こっけい》（ロマン・コミック）』、『衒学者愚弄《げんがくしゃぐろう》』、『恋の富くじ』などがそれである。

ところが、『クレーヴの奥方』は、それまでの空想的ロマンスとは全く異なる、近代小説の源ともいうべき内容である。そこには奥方を中心として、恋愛心理の分析の的確さ、心情の高貴さが誠実に描かれ、そのことによって、この作品に高い格調を与えているのである。

しかも、女性の手によりながら、男性心理の描写も、よく行き届いている。そこで、これは作者であるラファイエット夫人の体験にもとづくものであろうとの推測もなされてきたようであるが、そのあたりについては研究者の間でも判然としていない。

もとより、ここに描かれる登場人物の心理描写はきわめて微に入り細にわたる。そうした心理について、あれこれと解釈することはわたくしの能力では到底、無理である。幸い、この作品の翻訳者である生島遼一氏による解説があるので、そのうちの二点をここに紹介してみよう。

「愛のなやみというテーマは、王朝時代の貴族社会だけに通用するテーマではない。そこで、この小説は以後の恋愛小説に多くのパターン（型）を提供することになり、市民社会の時代になってもそれがえんえんとつづいた。ルソーもスタンダールも、そしてラディゲもこの作品にまなんでいる」

「『クレーヴの奥方』が近代になってもよみつづけられた理由の大きなものは、女主人公の性格に自主的な精神があることだとわたしは考える。このことはよく見落とされている。一見つつましく、従順で、世間体や常識的モラルの前にいつもおびえている女性のごとく見えながら、根本においては、いつも自己だけに頼り、自己流に感じ、判断し、行動しているのである。母の教訓にすがって生きることを標示しているようだが、心はいつも独立している。この小説で当時の常識的モラルを代表するのは母シャルトル夫人だ。女主人公は、行動はとにかく、心はこのモラルに従えないことで苦しみ、ついに、そういう自己を世間からひっこめる。このしんのつよさに、近代人的感性がある」

三十数年前のことになるが、わたくしは偶然、三島由紀夫氏の『美徳のよろめき』を読む機会があった。主人公である女と男の心理が描かれた有名な小説であり、読まれた方も多いであろう。この作品を読みながら、当時、わたくしの脳裏に浮かんだのが『クレーヴの奥方』であった。

のちに、三島氏が『美徳のよろめき』の構成、筋のはこび、そして心理描写について、この作品から多大な影響を受けていたことを知り、同氏の稀代の才能とともに三五〇年も前のフランス古典主義文学を代表する『クレーヴの奥方』が、現代の日本にまで及ぼしている影響の広がりと深さをあらためて思ったものである。

いずれにせよ、奥方、ヌムール公、クレーヴ殿の三者がおりなす心理を鮮やかに描いたこの『クレーヴの奥方』が、フランス心理小説の古く輝かしい伝統の最初の礎石ともいうべき名作といわれるゆえんである。そして、ここにとりあげた今に残る名作は、のちにルソーも熱心に愛読することになる。実際、『クレーヴの奥方』は、ルソーの書簡小説『新エロイーズ』に影響を与えているように思われるのである。

さて、これまでながながと『クレーヴの奥方』について主として文学的な面から触れて来たが、要するにそれは、この物語がフランス一七世紀中期の宮廷と、そこにおりなされた男女間の心の機微を写実的に描いた名作であり、ブルボン王朝下の雰囲気の一端がたくみに描かれているということであった。

たしかに、この小説は当時の宮廷のありさまや貴族生活をよく描いてある。だが、わたしたちはそれだけで、当時のフランス社会がわかることにはならない、ということも知っておく必要がある。この小説には国民の大多数を占める農民、手工業者ら、庶民の生活ぶりや情感がどのようなものであったかは描かれていないからである。

そして、そうした庶民を中心とする物語なり、小説が描かれるようになるのは、もうしばらくあとのことになるのである。

8　官能のロココ絵画

一七世紀の後半に古典主義文化が盛時を過ぎたルイ一四世の末期から、ルイ一五世の初期にかけて、絵画の部門で抜きんでた才能を示す画家が現れた。その人物は、近代フランス芸術を象徴するロココ様式の礎となったジャン＝アントワーヌ・ヴァトーである。

ヴァトーは、雅《みやび》な衣装の人物たちが樹木の生い茂る田園を散策するという牧歌的情景をカンバスの上に創りだした。その情景は、〝雅やかな宴〟という風情であり、そこからかれは今日、「雅宴画《がえんが》」の画家として知られる。その代表作は一七一七年にアカデミーに提出された「シテール島の巡礼」である。人物や景色を表現するかれのまろやかな筆づかい、そして、シルクの柔らかな光沢、肌、髪、美しい生地を表現する魔術的な筆致、さらに、華麗な色彩や古代神話に題材をとる巧みさなど、作品全体に優雅と洗練そして、官能の美を感じさせる。

ほかに、「田園の気晴らし」、「二組の男女」、「平和な恋」、「牧人たち」、「雅な娯しみ」、「ピエロ」、「ジェルサンの看板」など、そのどれもが光のきらめきを巧みに表現した色彩の魔術ぶりを発揮して美しい。ヴァトーは一七二一年に三十七歳の若さで世を去ったが、かれが一八世紀フランスのロココ美術を開花させた大画家であったといわれるのもむべなるかなと思わせられる。

ヴァトーの亡きあと、ルイ一五世の時代には、寵妃《ちょうき》ポンパドゥール夫人の影響もあり、装飾美術が発展した。フランソワ・ブーシェは当時のフランスが生んだ最高の装飾画家である。

ブーシェはセーヴル陶磁器のためのデザインをはじめ、時計、噴水、人形など多種多様なデザインも制作した。さらに、かれは、官能的でしかも健康と活力にみなぎる美しい絵を描きだした。

若きブーシェがアカデミー会員の資格を得た魅惑的な女神を描いた「リナルドとアミルダ」、天使の表情をしたといわれる少女「マドモアゼル・オミュルフィ」など、一連の肖像画にも傑作がある。

かれの才能はまた、田園風景にもみられる。ことに、かれの描いた若い男女がそのなかで親しげに語

ブーシェの描く田園の叙情

り合う田園風景は、汗や労働のあとの汚れの見えない美しく優雅なものである。当時、都会で裕福にくらす一部の特権層にとって、「サクランボを摘む人」、「水車小屋」、「娘のために笛を吹く羊飼い」など、ブーシェの描く田園は、都会生活の重圧を逃れる心地よい隠れ家だったのであろう。

ポンパドゥール夫人に気に入られたブーシェは、夫人の肖像画も何枚かのこしている。

かれはルソーとほぼ同時代に生きた人であったが、ほかに代表作となる「ヴィーナスの勝利」「日の出」「日没」など、当時の王侯、貴族の想像し得る官能と至福の世界を描ききった。かれはこうして、官能の巨匠と呼ばれている。

ルソーが、『社会契約論』『エミール』を公刊した一七六〇年代になると、フランス・ロココ美術の掉尾《とうび》を飾る大画家が現れた。ジャン＝オレノ・フラゴナールがその人である。南フランスのプロバンス地方にあるグラース出身のフラゴナールはブーシェに師事し、官能的な作品を多く手がけた。

かれの傑作「ぶらんこ」(原題は「ぶらんこのもたらす幸運」)は、あまりにも有名なので見た方も少なくないであろう。ぶらんこに乗って開放的な楽しみにひたる愛人を、庭草のしげみという絶好の場所から青年がうっとりとした表情でながめている場面を描いたものである。美術専門家によれば、色彩と筆づかいの優美さにおいて、フラゴナールの作品中、これをしのぐものはないということである。

かれはまた、ポンパドゥール夫人亡きあとルイ一五世の愛妾となったデュ・バリー夫人のために、「恋の追及」と題する連作も描いている。これらもまた見飽きることのない「官能と美」の世界といえるだろう。

ルイ一四世の末期からルイ一五世治下において、ヴァトー、ブーシエ、そしてフラゴナール

フラゴナール「ぶらんこ」

と続く一八世紀フランスのロココ美術は、洗練された官能美を最高度にまで高め、今に伝わるフランス文化の粋を完成させたのである。

第四章　ルソーの思想形成

1　一組の夫婦

一六八三年、財務総監コルベールの死とともに、ルイ一四世の親政はその破綻を見せ始めた。国王親政はちょうど折り返し点に入ったときであったが、穀物価格は下がりつづけ、地主に小作料を支払うことのできない貧農層が増加の一途をたどった。また、一六九〇年代と一七一〇年前後の二度にわたり、未曾有の大飢饉がおこり、さらに、二回の対外戦争は国家財政を一層厳しいものにしていった。

こうした混乱に対しては、各方面からの批判も急速に高まってきた。たとえば干国税制の抜本的改革を促す改革案や、特権身分の者に対しても一定率の租税を課そうという構想があらわれてきたのはそのひとつである。しかも、こうした批判が、宮廷のなかからもおこってきたことは国王親政の絶対主義が動揺しつつあることを示すものであった。たしかにルイ一四世の世紀とブルボン王朝の全盛期は、確実に過ぎつつあったのである。

このような時代背景のなか、一七〇四年、人口二万人足らずの独立市、ジュネーヴ共和国で一組の夫婦が誕生した。その名をイザック・ルソーとシュザンヌ・ベルナールという。ジャン＝ジャック・ルソーの父となり母となる人である。ともに三一歳の同年で、どちらも時計師の家庭に育った幼なじみであった。ルソーがのちに父親のイザックから聞いた、として記しているところによると、イザックとシュザンヌの二人は八つか九つのときから、ラ・トレイユの大通りを毎晩いっしょに散歩し、十のときには、互いにはなれられない仲だったという。シュザンヌの育った家庭はプロテスタンティズムを信仰しており、イザックは成人して時計職人になった。

2　幼年時代

その二人が結婚してから八年後、ルイ一四世が亡くなる三年前の一七一二年六月二八日、ジャン＝ジャックが生まれた。だが、ルソーの生後まもない七月七日、母シュザンヌは病を得て、世を去った。母がルソーに伝えたものは、感じやすい心、芸術的な感受性という資質であり、残してくれたものはデュルフェの『ラストレ』など一七世紀の牧歌的、空想的恋愛小説であった。

聡明だったと伝えられる母親からルソーが受け継いだ資質の一つに音楽への愛好がある。かれによれば、「子供の時から、ほかのすべてのことを忘れさせてしまうほど、音楽が好きだった」という。なお、ルソーは『言語起源論』のなかで、文字言語としての「言葉」は、理性に向って語りかけ支配の道具として用いられるようになったが、音声言語としての「音楽」は、人間の心情に語りかけ、本来の〝人間の自然〟を回復させてくれるもの、としてとらえている。

ルソーは七歳頃までには母の蔵書をすっかり読み終え、そこで今度は母方の祖父の蔵書を読みはじめた。そのなかには、教会史やラ＝ブリュイエール、モリエールなどの著作があった。なかでも、プルタークの『対比列伝』が愛読書となり、その影響から自由で共和主義的な精神がつくられていったという。しかも、ジュネーヴは一六世紀、ジャン・カルヴァンによるプロテスタント〝神政政治〟実験場の地でもある。

母の亡きあと、養育の世話をしてくれた母の妹、シュゾン叔母からは、音楽への一層の情熱を教えられた。青年期のルソーが、将来は音楽家として立っていきたいと考えるようになるのも、こうした幼いときの体験に根差していたのである。

ルソー一一歳のとき、父のイザックがあるトラブルからジュネーヴを去ったため、ルソーはジュネーヴの南にあるボセー村に住む遠縁のランベルシェ牧師兄妹（兄・ジャック、妹・ガブリエル）の下に引きとられていく。この村で過ごした二年間をつうじて、かれの「田園を愛する気持ちは……終生消えなかった。この村で過ごした幸福な日の追憶は……わたしにこの生活や楽しさをなつかしがらせてくれた」という。

この短い断章には、のちに田園の光景に触発された、ルソーのうちなる〝善性〟につながる、〝自然〟への憧憬がみてとれないであろうか。

秩序だった自然の光景はこんなにも美しいのに、自然界の一部である人間だけが、なぜ対立と闘争を繰り返し、無秩序のなかに置かれているのか——少年ルソーはこうした疑問を持つに至る。これが、のちのかれの思想の中心となる自然と人為との対立概念の萌芽であった。

二年ほどでボセー村を離れ、一三歳になったルソーは、一五歳頃にかけて、同じ年頃の娘と恋愛をし、また、彫金師のもとに従弟奉公にだされるなどした。このなかで、親がかりの生活と奉公人の境遇との差を実感させられもする。同時に、この奉公人時代に、読書の趣味が高じ、いい本も悪い本も差別なしにむさぼり読んだという。

ジュネーヴ近郊のボセー村

3　ヴァランス夫人との出会い

ところで、〝自然と人為〟という対立概念から、〝自然の善性〟、〝徳の擁護《ようご》〟にいたる思想の形成過程をみるとき、留意しておかなければならないのが、かれの少年期と青年期の〝内的〟体験である。

少年時代、青年時代のルソーについて研究したマリオ・エノーディ氏は、ルソーの思想形成に「決定的な」影響を与えた場所として、ジュネーヴ、シャンベリ郊外のレ・シャルメット、そして、パリの三つをあげている。

ヴァランス夫人

このうち、少年期のルソーに与えたジュネーヴの影響は、いま、見てきたように、ここでかれは、〝自然の善性〟と〝自然の優位〟を〝感じる〟ようになっていった。

二つめとして、青年期のルソーに思想形成のうえで多大な影響を与えた場所としてエノーディ氏の挙げているのが、シャンベリ郊外のレ・シャルメットである。

それはルソー一六歳のときである。かれは、サヴォワ領のコンフィニヨンの司祭、ポンヴェール氏のすすめで、フランス中部のアヌシーへ行き、そこでヴァランス夫人に初めて出会った。夫人は当時一八歳、夫のヴァランス

ルソー(当時16歳)がヴァランス夫人と初めて出会ったアヌシーにある聖フランソワ教会

男爵と離婚直後であった。出会ってほどなく、夫人のすすめで、ルソーはシャルメットで夫人と生活を共にすることになる。

ルイズ・エレオノール・ド・ヴァランス夫人(一六九九〜一七六二年)は、ヴォー地方の町、ヴヴェの古い貴族の家の娘で、一四歳というごく若いときにローザンヌのヴァランス男爵と結婚した。ヴァランス夫人については、生まれてすぐ母をなくし、受けた教育は雑然としたものであったが人なつっこく柔和な性格、不幸な人にすぐ同情する心、かぎりない親切、わだかまりのない率直で快活な気質の人だったなど、考証によって今日、かなり詳細なことも知られている。

『告白』の優れた研究者、ゲーノ氏によればヴァランス夫人は、静観的神秘主義を基に、敬虔《けいけん》主義的な傾向をもち、原罪意識はなかった、という。

原罪の教義(ジャンセニズム)に縛られていた若きルソーをそこから抜けださせ、〝自然の善性〟をかれに確信させていくうえで、夫人のこうした資質は無視することのできない意味をもっている。原罪の放棄と、自然の善性に対する確信こそは、ルソーがのちに展開する多面にわたる思想を、根底においてひとつに結びつける最も重要な鍵となっているからである。

なお、ルソーの宗教思想に関して、詳細な研究を行ったピエール・M・マッソン氏は、ヴァランス夫人が少女時代に、敬虔主義(Pietisme, ピエティスム・新教の一教義)の中で育った点を指摘している。そのため、敬虔主義は、生涯にわたり、夫人に深い影響を与えたという。

敬虔主義の特徴の一つに、厳しい教義に従うよりは、自然にわきあがる内なる心情を優先する、という点がある。考証によると、夫人は、ルソーがのちに美化するほどに倫理的な人物ではなかったといわれるが、夫人のこうした性向が、カルヴィニズムの厳しい教義に疑問を感じていたルソーの生来からの気質に合っていたことは、事実だったようである。夫人の存在は、確かに、かれの思想形成に重要な意味を与えたといえよう。

また、レ・シャルメットにおけるもう一つの意義は、ルソーがここで、二三〜二五歳頃にかけて、本格的に学問を始めたことにあ

レ・シャルメットにあるヴァランス夫人の家

る。ここで、かれはのちに執筆することになる政治、宗教、教育等に関する論理を、実に多くの先人から学ぶことになる。

まず、ルソーが自らの哲学的、宗教的立場を明らかにした「サヴォワ助任司祭の信仰告白」は、G・ライプニッツ、B・パスカル、B・スピノザ、そして、オラトワール派の神義論から影響を受けている。他に、フォントネル、ニュートン、ケプラー、キケロ、ポープなどからも影響を受けている。

また、「理性」についてはデカルトから、「道徳」についてはプラトン、セネカから、「自然状態」、「自然権」についてはT・ホッブズ、J・ロックから学んでいる。さらにルソーの政治論の中心をしめる「一般意志」についてはN・マールブランシュから、「自然法」についてはS・プーフェンドルフ、J・ビュルラマキから、「権力」についてはN・マキァヴェリから、「政体」、「法」についてはH・グロチウス、C・モンテスキューから影響を受けている。

加えて、モンテーニュやフェヌロンといった人文思想家からさえ、大きな影響を受けていることはよく知られているところである。

レ・シャルメットでの生活は、「わたしの生涯の、短い幸福の時……。真に生きたといいうる資格をさずけてくれた、平和な、だが、つかの間の時……」と回想するにふさわしい場所になった。

かれの同時代の思想家、たとえば、ヴォルテールやディドロなどと異なり、ルソーは青少年時代に正規の学校教育こそうけなかったが、きわめて多読の人であり、いわば、早くから「見習い文学者」になっていた。このようなルソーに本格的な独学の機会を与えたのが、レ・シャルメットでの生活であり、ヴァランス夫人であった。

「シャルメットの果樹園」(ルソー二五歳の時の作詩)において、ルソーはヴァランス夫人を讃えて、「私の心が最高に平安な日々を楽しみ、……この地にあって無垢な休息を味わっているのは、ひとえに貴女様のおかげです。……私の教育に愛着を示され、……私の心を陶治《とうや》して徳に導いて下さった貴女様、……有徳のヴァランス様、まさに貴女様に私は負っています、真の幸福とゆるぎなき福利とを。」と歌っている。

少年時代に親しんだボセー村での自然の光景、青年時代に過ごしたレ・シャルメットでの充実した日々――これらの体験は、幼児期から絶え間なく揺れ動く境涯にその身を置かざるをえなかったルソーの内面に、安らぎを与え、善を教えた。

人間は本来、自然の光景と同様に、秩序と美をもつ存在であることを、ルソーは確信しつつあったといえる。

しかし、このように〝確信しつつあった〟ルソーではあるが、他方、現実の人間と社会が、無秩序と闘争の場であるという〝人為〟を痛感せざるをえない。

「自然の光景は調和と均衡を示すばかりだったが、人類の光景は混乱と無秩序を示すだけだ。自然のあらゆる要素のあいだには協調が支配している。ところが人間は混沌のなかにいるのだ。……恵みふかい存在者よ、おんみの力はどうなったのか」。

こうして、〝自然〟と〝人為〟との対立は、ルソーの内面でますます先鋭化していくことになる。

4 パリ時代

三つ目はパリである。

ヴァランス夫人と別れ、パリにきたルソーはここで、かれの思想を発表する場を与えてくれることになる同世代の哲学者、ディドロと知り合いになる。ディドロとはのちに、対立することになるが、かれがルソーに知的刺激を与えたことは間違いない。

一方、ルソー三二歳の時、某大使とのトラブルから、「現在のおろかしい社会制度の下では、真の公益と真の正義はつねに、えたいのしれぬ外面的な秩序のために犠牲にされる」ことを味わわされる。

また、『人間不平等起源論』を執筆するに際し、「一日中、森の中にわけ入って、そこに原始時代の面影を求め、見いだし、……人間の本性をゆがめてきた時代と事物との進歩のあとをたどり、人為の人と自然人とを比較することによって、人為の人のいわゆる進歩改良のなかにこそ、その不幸の真の原因があることをつきとめる。

さらに、評判の高いヴェネチアの「政体」にも欠陥のあることを知り、以来、「道徳を歴史的に研究する」ことで、ルソーの視野はひろがり、「すべては根本的には政治につながるということ、また、どのような試みをしたところで、いかなる国民もその〝政体〟の性質のつくりなせるもの以外ではありえない」ことを、悟ることになる。

文明批判に始まり、人為に対する自然の優位を確信するなかで、失われた〝人間の自然〟をいかにして回復するか。この課題を、政体のあり方に結びつけていく〝政治哲学者ルソー〟の姿がこの地で徐々に形成されていくことになる。

5『学問・芸術論』

さて、これまで述べてきた青年時代を経て、ルソーがその思想家としての輝かしい歩みを踏みだした最初の著作が『学問・芸術論』である。この作品は、フランスのみならず、ヨーロッパの国々で、ルソーの名を一躍にして有名にした。

だが同時に、その〝成功〟は、かれの受難の後半生の始まりでもあった。『学問・芸術論』の冒頭にルソーが添えていた、「この土地の人に理解されないので、わたしはバルバロス(異邦人)である」という古代ローマの詩人、オウィディウスの句は、かれの後半生を暗示して、象徴的である。

二十歳代から音楽家として身を立てたいと考えていたルソーは、外面的に見る限り、政治思想家に変貌していくことを予見させるものは見当たらなかったといってよい。

そして、世に出るまでのルソーは、長い放浪の末にようやく独学の機会を得たものの、未だ貧しく、無名の文士にすぎなかった。

実際、一七四九年、ルソー三七歳のときまでに、かれの書いたもののうち、印刷物になっていたのは『近代音楽論』（一七四三年、三一歳のとき出版）が唯一のものであった。

だが、かれの思想が系統だった形をとって、その内面に表れるときがきた。それが『学問・芸術論』であった。この論文はしたがって、かれの最初の本格的な論文、すなわち、第一論文ということになる。

一般に、第一論文には、著者の思想の萌芽が存在するといわれる。そこで、第一論文はきわめて重要なものとして位置づけられる。ルソーの場合も、例外ではない。

徳の擁護、祖国への愛、教育改革、奢侈《しゃし》と不平等に対する糾弾、感情の優位、自然への憧れ、古代への崇敬、等々、かれの思想の原型が、『学問・芸術論』には表れている。

したがって、この最初の論文を、さまざまな面から解き明かすことは、政治、教育、宗教等、多面にわたるルソーの思想を知るうえで欠くことができない。

6 ヴァンセンヌの啓示

一七四九年一〇月、ディジョンのアカデミーは『メルキュール・ド・フランス』誌に、「学問および芸術の復興は、道徳・習俗を純粋にすることに寄与したか」という懸賞課題を公示した。

ルソーは当時、『盲人書簡』を書いて官憲の忌避に触れ獄中にあった友人のディドロを慰問するため、パリ郊外のヴァンセンヌまでの約二里を徒歩で往復していた。かれは、暑さと疲れとで参ってしまい、一歩も動けなくなって地面に伸びてしまうこともしばしばだった。そこで歩調をおさえるために、ある日、『メルキュール・ド・フランス』誌を携えていた。歩きながら読んでいると、ふとディジョンのアカデミーから出された懸賞論文の課題――「学問・芸術の復興は、道徳・習俗を純粋にすることに寄与したか」――が目にとまった。

そのとき、突然の霊感にうたれたもののように、異常な感動と無数の観念が、かれの脳裏に去来した。

このときの模様を、ルソーはのちに『マルゼルブ氏への手紙』のなかで、次のように回想している。

「……なにか突然の霊感といったようなものがあったとしたら、その課題を読んだとき、わたしの内部に起こった動きはまさにそういったものです。急にわたしはあふれる光に精神が照らされるのを感じました。いきいきとした無数の観念が同時に、ひじょうな力づよさと豊かさをもってそこにあらわれ、言いあらわしがたい混乱のうちにわたしを投げこみました。わたしは酔ったときのように、頭がしびれるのを感じました。……あの木の下でわたしが見たこと、感じたことの四分の一でも書くことができたなら、わたしは、社会制度のあらゆる矛盾をどれほど力づよいことばで述べたことでしょう。人間はうまれつきよい者であること、人々が悪くなるのはただその制度のためであることをどれほど簡明に示したことでしょう」

さらに、ルソーは「霊感にうたれた」このときの模様を、後年、『告白』においても次のように記している。

「この課題を読んだ瞬間、わたしは別の世界を見、別の人間になったのである。それからうけた感銘は、いまなおなまなましいが……いまの場合、はっきりおぼえているのは、ヴァンセンヌに着いたとき、錯乱にちかい興奮状態におちいっていたことである。それにはディドロも気づいた。わたしはそのわけをはなし、カシの木の下で走り書きしたファブリキウスの弁論をよんできかせた。かれはわたしのそうした考えを発展させ、懸賞に応募するようすすめた。わたしはそれに従った……」

「わたしの感情は、おどろくほどの速さで、思想とおなじ高さまでかけのぼった。とるに足らぬ情念はすべて、真理と、自由と、美徳とにたいする熱情によっておし殺されてしまった。しかもこの沸騰状態はわたしの心のなかで、四、五年以上もの間、かつてだれにも見られなかったほどの高い程度に持続されたのである」

ルソーのうちに、「ヴァンセンヌの啓示」として知られる〝回心〟が突然のように起こったときの状況は、以上のようなものであった。

「ヴァンセンヌの啓示」については、これまでも多くの研究がなされている。それはこの「啓示」が、思想家としてのルソーの運命を決定したと考えられているからである。

なお、この点について考察を深めたライト氏は、ヴァンセンヌの「啓示」を、「陶酔」と呼び、これがルソーにとって、とりわけ、「宗教的な体験」であった点を強調している。

7　一等賞に当選

さて、友人ディドロのすすめもあり、ルソーは懸賞課題論文の執筆にとりかかった。かれは「……眠れぬ夜……、ベッドのなかで目をとじたまま瞑想にふけり、……毎朝やってくる内妻テレーズの母親に口述筆記させ……」、この論文を完成させたという。

ドニ・ディドロ

アカデミーのこの課題に対する応募論文は全部で一三本あり、学問・芸術の復興が道徳・習俗を純粋にすることに役立たなかったという否定の立場をとった論文は、ルソーを含めて二本であった。これに対して、肯定の立場をとった論文は八本、中立の立場が二本、学問には肯定だが芸術には否定の立場が一本であった。

応募したルソーの論文は、翌一七五〇年七月一〇日にアカデミーの道徳部門で第一位当選と決まり、三〇ピストル相当の黄金のメダルを授けられた。冊子と呼んでもよいほどに短いが、しかし、雄弁とパラドックス(逆説)に満ちたこの論文は、貧しく無名のルソーを、一躍、ヨーロッパにその名を知らしめたのである。

これが、現在のわたしたちが『学問・芸術論』と呼んでいるものであるが、その論点は、「人間の本質」と「文明の制度」との関係を取り上げたところにある。

論文は二部からなり、第一部はこの課題を歴史的に考察している。第二部では徳と良心とを称揚する情熱的なメッセージとなっている。

8 『学問・芸術論』への反響

ルソーは『学問・芸術論』の序文で、「決して学問の悪口をいうのではない。徳、それをこそ、徳の高いひとびとの前で弁護するのだ」と述べ、徳の擁護がこの論文の趣旨であることを強調している。「学問と芸術とが完成に近づくにつれて、われわれの魂は腐敗した」、「学問芸術の光が地平にのぼるにつれて、徳が逃げてゆく」

かれは、「あらゆる徳があるように見える」が、実は「なにひとつ徳をもたない」当代の状況をこのように述べる。

この論文はルソー自らのちに「熱と力に満ちてはいるものの、論理と秩序が全く欠け」、「わたしの書いたもののうち、もっとも理論が弱く、修辞のまずい文章」と述べている。だが、この論文が一七五一年一月に公刊されるや、ヨーロッパ各地において大きな反響を引き起こし、批判、反論等の数は六八件にも及んだといわれる。

ところで、ルソー存命中の一七六六年に、博学な聖職者として知られたドン・ジョセフ・カイヨ師は、『教育に関するジュネーヴのJ・-J・ルソー氏の剽窃《ひょうせつ》』(ハーグ、一七六六年)と題する一書を公刊した。カイヨ師はそのなかで、ルソーを、セネカをはじめ、古代の著作家たちを真似た、恥知らずで拙劣な剽窃家《ひょうせつか》にすぎない、と非難した。

今日では、カイヨ師のこの非難は、皮相な理解に基づく、軽率でがさつな見解と考えられているのだが、それは、ルソーの著作に対する受けとめ方として、当時の知識人のひとつの傾向を示していた。それというのも、ルソーは当時の多くの知識人と異なり、ストイシズム(禁欲主義)を代表する古代ローマの哲学者、セネカと共通する見解を表明しているからである。

その見解とは、人間の本性は元来、善であるが、社会制度によって、とりわけ、私有財産制度によって、悪くなる、というものである。また、古代に、人間の無垢な幸福の黄金時代を見ている点でも、ルソーは、セネカと共通している。歴史が当代に近づくにつれ、人間は道徳的な悪という惨めな状況に転落していった、という歴史観である。さらに、教育に関してルソーは、道徳の形成が第一義であり、知識教育は二義的なものだ、というセネカの説に賛同している。

これらの点については、ルソー研究者のジョルジュ・ピエール氏も、ルソーがセネカの著『神の摂理について』、『短気について』、『人生の短さについて』、『精神のやすらぎについて』から、影響を受けているると述べている。

これに対して、P・ジーマック氏は、ルソーがセネカから受けた影響は、モンテーニュやプルタークから受けた影響ほど強くはなかった、と述べている。しかし、わたしたちは、モンテーニュもプルタークも、セネカをはじめとするストア(禁欲主義)学派から多大な影響を受けていたことを忘れてはならないであろう。

このように見てくると、思想の核となるところで、ルソーの考えはセネカのそれと共通していたと見てよい。

『学問・芸術論』にみえるルソーへの影響は、セネカ、プルターク、モンテーニュにとどまらない。この点で、R・ウォクラー氏は『学問・芸術論』のなかに見い出される出典について、次のように列挙している。

すなわち、モンテスキューの『法の精神』から謝辞がつけられずに引用されているのが少なくとも一カ所、ボシュエの『世界史論』から所属を明示せずに引いているのが一カ所あるという。さらに、プルタークの『対比列伝』から数カ所、モンテーニュの『エセー』からは十数カ所以上の抜粋があるという。

さらに、K・ローシェ氏は、『学問・芸術論』で述べられている古代の黄金時代、自然の善性、社会とその邪悪な影響、学問・芸術の無益さ、等に関する叙述は『使徒書』のなかに見られるという。また、同氏は、『学問・芸術論』にある「科学者たちが私たちの前にあらわれはじめて以来、正直な人々は姿を消した」、「良き魂は殆ど学問を必要としない」、等の文言は、ストア派の学者によって書かれた警句のなかに見い出されることも指摘している。

9　ルソーの思想的立場

これまでみてきたように、ルソー思想の出発点は、当代の文明批判であった。かれはデビュー作品『学問・芸術論』(Discours sur les Sciences et les arts, 1750.)で、学問・芸術が進歩するにつれて、本来、善なる存在であった人間が虚栄や見せかけに絡めとられ、美徳と真の幸福を失った、と断じる。モラリスト、ルソーの誕生である。

かれのいう、本来、善なる人間とは、「外面の態度がつねに心情の反映である」人間のことである。このような人間の内奥にある〝善性〟をルソーは、〝人間の自然〟(la nature de l'homme)と呼ぶ。これに対して、虚栄や見せかけに絡めとられ、本来の自己を喪失した状態を〝人為〟と呼ぶ。

〝人為〟のなかで、人間の〝自然〟がゆがめられ、失われていく人類の不幸を、ルソーは鋭く指摘したのである。

しかしながら、このようなルソーの論調に対しては、当時から反発や批判があった。例えば、啓蒙思想のリーダーだったヴォルテールは、学問・芸術の不要を主張する人物としてルソーを批判する。ヴォルテールは、〝自然〟を善とするルソーの主張について、「森の中で四足獣と生活することが本来の人間

ヴォルテール

なのか」と論難する。

この種の批判は今日でもみられるが、これに対してルソーは、学問・芸術それ自体を批判しているのではなく、それらが、人間の虚栄心を満足させるために用いられている当代の〝人為〟を問題にしていること、いいかえれば人間の〝自然〟である徳を擁護することがかれの主旨であることを繰り返し述べている。ルソーにあって、〝自然〟とは、根本的な価値の基準、いわば人間の真贋を見分ける試金石、一つの完璧な理想としての価値概念なのである。

ルソーによれば、かれのいう〝自然(状態)〟を、ヴォルテールは誤解し、〝未開(状態)〟という「実在」と見なしている。ルソーにとって〝自然(状態)〟とはまず、なによりも価値(理想)概念なのであり、ヴォルテールのいうような実在概念にとどまるものではない。

ルソーが、〝自然〟をなによりも価値(理想)概念としてとらえたことを裏付けるのは、一八世紀の共通テーマであった〝自然状態〟について、「もはや存在せず、おそらくは存在したことがなく、多分これからも存在しそうにない一つの状態」としたことからも明らかである。

さらに、かれは、〝自然状態〟を考察する際の姿勢について、「まず、すべての事実を捨ててかかろう。なぜなら事実は少しも問題に関係ないのだから。われわれがこの主題に関していかなる研究にはいりこもうと、それは歴史的真理ではなく、ただ憶説《おくせつ》的で条件的な推理だと思わなければならない。そうした推理は、事物の真の起源を示すよりも事物の自然（本質）を示すのにいっそう適切なのである」とも述べている。

したがって、『学問・芸術論』におけるルソーの論旨は、学問・芸術そのものを不当に攻撃するところにあるのではない。それは、学問・芸術を徳と切り離し、自己を飾るための手段としてそれを用いようとする人間の心のあり方を問うているところにある。

いいかえれば、最大の問題が道徳にあること、人間の生き方にあること――これが、ルソーの主張の核心になっている。

「おお、徳よ！素朴な魂の崇高な学問よ！　……お前の掟を学ぶには、自分自身のなかにかえり、情念を静めて自己の良心の声に耳をかたむけるだけで十分ではないのか」

それでは、ルソーのいう徳を身につけた人々は、どこに見いだすことができるのだろうか。かれはそれを古代ギリシャのスパルタや、古代ローマの市民のなかに見いだしている。かれらのあいだには、贅沢《ぜいたく》や奢侈、虚栄や見せかけに代わって、良き習俗が行き渡っている。学問・芸術は発展せず、人々は無知であったが、同時に無欲の人々から成り立つ共同体がある。

「各人が人間の義務と自然の要求だけを考えて、祖国や不幸な人々や友人のためにだけ時間を費やすとすれば、だれが無益な瞑想に一生を送りたがるでしょうか」

このように、ルソーが古代国家に徳の行きわたる祖国のモデルをみるとき、モラリストをこえた政治哲学者ルソーの片鱗《へんりん》が垣間見えてもいる。

当代の文明を、〝人為〟の所産として告発し、古代の国家や市民のなかに〝自然〟の美徳を見いだすルソーは、いかなる論理で自らの政治思想をつくりあげていったのか。このことを明らかにするためには、近世から近代にかかるヨーロッパ思想史をみておかなければならない。

10　近世の思想から近代思想へ

政治上の革命や変革は、単に経済機構の矛盾とそれに対する有能な統治者の欠落によって、起こるわけではない。そこには革命や変革に目的と意義と、そして正当性を与えうる思想が必要になる。

このような視点からヨーロッパ思想を〝現代〟に結びつけて遡《さかのぼ》ると、大きな節目として意味を持つのが、一七世紀から一八世紀初頭にかけて現れた〝近世〟の思想である。この〝近世〟思想の流れの一つに、イギリス経験論があり、もう一つの流れは、大陸の合理主義的形而上学《けいじじょうがく》がある。

経験論では、あらゆる認識は経験から生じ、その経験は感覚と反省の二つの要素をもつ。感覚は外に向かい反省は内に向って開く。つまり、われわれの観念はすべて経験から出発するのであり、経験に先立つ「先天的観念」は否定された。

一方、大陸の合理主義的形而上学は、なによりも人間の理性に信頼を置いた。この系譜のひとつに、感覚論がある。たとえば、フランス唯物論《ゆいぶつろん》は、さまざまな精神的機能は感覚の変形であるとし、それは後天的に獲得されたものとみなした。したがって、感覚的存在である人間は、超自然を認めない、ということになる。こうした考え方は、文化や政治を技術的理性で解釈しようとする立場になる。

しかし、このように、二つの大きな流れがある〝近世〟の思想は、一八世紀への移行に際して、〝知〟(ロゴス)の組みかえが行われることによって、新たな思想へと変化していくことになる。

その結果、二つの流れを統合した、新たな〝知〟(ロゴス)に基づく思想があらわれた。これが一八世紀フランスの〝近代〟思想である。

一八世紀フランスの知の総体は、経験的理性、唯物論、そして、構造的知性(感性的自己意識)の三つをその特徴とする。

そして、この〝近代〟思想を代表したのがヴォルテール、ディドロ、ダランベール、コンディヤック、エルベシウス、ドルバックら、「哲学者たち」(フィロゾーフ)であり、ルソーであった。

11　啓蒙思想家とルソーの対立

「哲学者たち」やルソーが生きた〝啓蒙《けいもう》の時代〟は、理性を重んじ、人間の進歩を確信する時代とされる。つまり、啓蒙にあたるフランス語 lumi'eres は、「知識」を表す。しかし、もともと単数lumi'ereは「光」を意味し、宗教や政治がしばしば知恵においては闇であるから、それを科学的な知識の光で払拭《ふっしょく》し、新しい知の場面を出そうとする意味があった。これが、〝フランスの光の哲学〟すなわち、〝啓蒙〟である。

啓蒙の時代はまた、われわれが生きる現代の直接の起源となる政治、文化の原型を生み出した時代として重視されている。その中心にいた「哲学者たち」は、啓蒙主義的な合理主義の立場から、人間を理性的で社会的な存在としてとらえ、この視点から啓蒙運動を展開した。

ところが、ルソーは「哲学者たち」とは異なる立場、異なる視点に立っている。思想の根底をなす〝人間〟のとらえ方においてかれは、「哲学者」たちとは対立する価値観に立っていた。

まず、この世の悪や矛盾から人間を解放する手だてについて、「哲学者たち」は、文明の進歩を讃える。かれらは進歩によってもたらされた科学技術、言いかえれば、技術的理性によって人間の解放は可能になると考えた。そのために「哲学者たち」は、かれらが非合理的と考える〝神〟から離れ、あるいは、むしろ〝神〟をしりぞけることによって、社会や政治のありようを偏見なしに正しく理解できる、とした。

もっとも、この点に関する事情はもう少し複雑で、「哲学者たち」もさまざまな立場に分かれる。

たとえば、D・ディドロ、P・ドルバックは唯物論を、また、J・ダランベールは無神論を、さらに

E・コンディヤックは感覚論を、C・エルベシウスは功利主義をそれぞれ展開しているといった具合である。

とくに、最も代表的な人物であるF・ヴォルテールの場合、かれは、〝神〟を否定していない。代表作の『カンディード』(Cadide, 1759)では、オプティミスム(楽観主義)にも、ペシミスム(悲観主義)にも与《くみ》しない。不条理を不条理として受け入れ、自然の生命を直覚、これと合一し、その営みに参与することによって、心の安らぎを見い出している。

つまり、カンディードは無神論者でも不信心者でもない。だが、現状を現状として受け入れ、神ならぬ人間は不完全な存在ゆえに、相対的、実践的に自らの生を生きることが肝要である、——との結論に行きつく。これが〝理神論者〟カンディードの主張であり、「事実と解決」の立場に立つヴォルテールの認識である。

いいかえれば、ヴォルテールをはじめとする「哲学者たち」にとって、合理的な人間社会において超自然的な神はみとめられない。道徳悪は、数多く存在する社会悪のなかの一つとして認識されるにすぎない。社会生活をする上で、現実的な適応性を欠くような信念や道義は、たとえ理念として正しいにしても、「社会的善」として活用しうることはむつかしい。否、むしろ結果的に、それは『社会悪」をもたらす可能性さえある。

したがって、「哲学者たち」にとっては、現実の社会に即時的に役立ちうるものだけが「道徳的善」として認識されることになるこれに対して、ルソーは一七世紀形而上学の大きな流れのひとつであった神義論に根ざす思想を展開する。神義論は、その系譜を子細にみれば複雑に入り組んでいる。だが、その特徴は、要するに、全能の神によって造られた万物の本性は〝善〟である、というところにある。したがって、万物のひとつである人間の本性も当然、善なるものになる。

この「善なる人間の本性」をルソーは、〝自然の善性〟と呼ぶ。

「哲学者たち」が、人間の「理性」に信を置いたのに対して、ルソーは、「自然の善性」に信を置いている。だれもが本来、共通にもつ、うちなる〝自然の善性〟が、悪や矛盾のなかにとりこまれるきっかけは、人間が元来、必要としないもろもろの余分な能力——自然から逸脱した知識(理性)——によってつくりあげてきた文明による、というのが〝有神論〟に立つルソーの認識である。

このことはまた、次のように言いかえることができよう。すなわち、ルソーは、文化や政治を倫理、道徳とともに考察し、その結果、人間のつくる社会悪は道徳悪にほかならない、という立場である。そのような社会悪は、神の義を明らかにすることによって克服されると考えられている。神の義を明らかにすることは、自然の法則に従うことを意味している。それは、自然(神)が与えて下さった自己の良心に従うことである。良心に従うことは、「善」にほかならない。その「善」の理想を、ルソーは古代ローマの都市国家である、スパルタに見ている。スパルタに行きわたっていた古典的な美徳を、かれは「善」の絶対的基準にまで高める。

こうして、ルソーは、「哲学者たち」のいう、〝神なき技術的理性〟に、人間を悪や矛盾にひきずりこむ元凶をみた。

ルソーは、この〝神なき技術的理性〟から、〝自然の善性〟を救いだすために、社会や政治を技量の対象としてみるのではなく、これらをどこまでも神に結んで考察しようとした。神の義（正義）を明らかにしようとするルソーは、現実の社会や政治をそれとして究明するにとどまらず、それらの本質である、人間とは何か、社会とは何か、そして、政治とは何か、という問いにまで遡《さかのぼ》ることになった。

この点について、ルソーはいっている、「わたしは、問題を解くという希望からではなくむしろそれを照らしてその真相を明らかにしようという意図から、いくらかの推理を始め、時にはいくらかの憶測をも辞さなかった」。

「事実と解決」の立場に立つ「哲学者たち」と異なり、ルソーは「問題を明らかにする」立場に立っている。そして、このような立場に立つがゆえに、ルソーは根本的な問題提起を行うことができ、かえって、「哲学者たち」を越えて、次代に深い影響を与える者となったのである。

コラム　ルソーと音楽――むすんで　ひらいて

ルソーの著作のなかで、あまり目立たないが、かれの思想を解くうえで重要なもののひとつに『言語起源論』(一七六一年)がある。これは、当時のフランス最大の作曲家ラモーの音楽論に対する反論として書かれた。

かれはこの著のなかで、言葉とか、文字といったものによって自らの思いを完全に表現し、伝えることはできない、という意味のことを言っている。読書するときには行間を読め、ということが今でも言われる。行間は余白で文字の書かれていない部分であるが、そこを読め、ということは、文字で表し切れない部分を、心をもって読みとれ、ということであろう。

また、用法は少しちがうけれども、眼光紙背に徹する、という言葉もある。心眼をもって文章を読むならば、文字の書かれた紙面をとおり抜けて、文字の書かれていない紙の裏側にまで読み手の心が達する、という意味である。

このような警句のあることからもわかるように、言葉や文字は人間の抱くぎりぎりの思いを表すことはできない限界があるということであるが、こうした言葉や文字とは対照的なのが音楽である。

音楽は、言葉や文字で表しきれない心の〝思い〟を表現することができる。心のなかに自然にわきあがる感情をいつくしんだルソーが音楽を愛好したことがわかる。

こうしたことから、ルソー思想の研究において、「ルソーと音楽」は大きなテーマのひとつとなっている。

ルソーは生涯に大小一二〇にもおよぶ曲を作っているが、代表作に歌劇「村の占《うらな》い師」がある。この曲は、『学問・芸術論』がディジョンのアカデミーの懸賞論文に当選、ルソーの文名が一挙に高まってから二年後、かれが四〇歳のときに、フォンテンブロー宮殿において、国王ルイ一五世と寵姫《ちょうき》ポンパドゥール侯爵夫人の御前で上演され、大成功をおさめた。ルソーもこのとき出席している。

ところで、この「村の占い師」がわが国で今も話題になるのは、この曲の終わりのほうの一節に、わが国でながく幼児にうたわれてきている「むすんで　ひらいて」の旋律があるからという。

音楽美学を専門とされ、「ルソーと音楽」というテーマにも造詣の深い海老沢敏氏(国立音楽大学学長)によると、そもそも、「むすんで　ひらいて」の旋律は、一八九一(明治一四)年頃、音楽教育開始時代にアメリカから取り寄せられた教材のなかにあったらしい。そして、この旋律は小学唱歌として『見わたせば』という歌詞(「見わたせば、あおやなぎ、花桜(はなざくら)、……、道も背に、春の錦(にしき)をぞ。……」)がつけられた。

ルイ15世(上)とポンパドゥール夫人

このときは作詞者(柴田清熙、稲垣千頴)の名は記されていたが、作曲者の名は記されていなかった。しかしほどなく、伊沢修二(現在の東京芸術大学の初代校長)が、この旋律の作曲者をルソーとしたのが、その始まりだったといわれる。

なぜ、作曲者をルソーとしたかについては、かれの作曲した歌劇『村の占い師』の終わりのほうに、『みわたせば』の原曲らしきものを伊沢が見いだした、ということのようである。したがって、「むすんで　ひらいて」の旋律は、当初は『みわたせば』の作曲者、ルソーということだったわけである。

そして、小学唱歌としての『みわたせば』はその後、『蝶々』(ちょうちょ　ちょうちょ　菜の葉にとまれ、……)、『紀元節の歌』、『蛍の光』、『霞か雲か』、『仰げば尊し』、『君が代』などとともに、唱歌授業科目のなかにとり入れられ、やがて全国に普及していった。

ところが、それからさらに二十余年を経た一九一三(明治三六)年から一九(明治四二)年頃の間に、『みわたせば』は、池田とよ(のちの、野間とよ、現在のお茶の水女子大学教授)によって幼稚園の保育内容としての『むすんで　ひらいて』に代えられたといわれる。その背景には、『みわたせば』の歌詞が、日清、日露戦争とともに、戦闘歌とかかわりがあるとみられ、幼児教育に支障があると考えられたからであるという。

このとき以降、『むすんで　ひらいて』は、昭和の戦前期にいたる幼児教育や小学校の教育に、確実にうけつがれていくことになった。そして、戦後、一九四八(昭和二三)年には、その作曲者としてルソーの名が記されるに至ったわけである。

ただ、戦後、「むすんで　ひらいて」の旋律が「村の占い師」の一節なのかどうかについては疑問もだされ、これをめぐる論争は今も続いている。とくに、一九七〇年代にはこの論争が全国紙でも大きくとりあげられた。

わたくしはかつて、ＮＨＫテレビで、「むすんで　ひらいて」の一節とされる「村の占い師」の旋律を聴いたことがある。そのときの印象は、「むすんで　ひらいて」の旋律に似ているようでもあり、似ていないようでもある、というのが率直な感想である。むろん、音楽については全くの門外漢であるわたくしの感想であることをお断りしたい。

それよりも、無心であどけない幼児がうたう「むすんで　ひらいて」の作曲者がルソーだ、と言われるところに、いかにもルソーらしい人となりを感じさせられるのである。

第五章　宗教思想

1　宗教と政治

人間がいつのころから信仰心をもつようになったかは知らないが、仏教やキリスト教が始まるはるか以前から〝お祈り〟していたことはまちがいないようである。

ここでは一例として、イングランドの宗教と政治について紹介してみよう。

有名なイギリス史家のトレヴェリアン氏によると、今から七～八千年も前にイギリス島に住んでいたイベリア人が、石や木の枝を拝んでいたという。かれらはまた、樹木の繁る森を神聖な場所として崇拝していたともいわれる。

ドルイド教と呼ばれるイベリア人のこうした自然崇拝は、人間が宗派的な教えをあれこれと解釈するよりも以前に、まず、〝お祈り〟する存在だったことがわかる。

そのイギリスでは、二千五百年ほど前に、長く続いたイベリア人の時代が終わり、北欧からやってきたケルト人にとってかわられた。そして、二千年ほど前の紀元前一世紀に古代ローマ帝国のシーザーがひきいる軍隊が入ってきたとき、ローマ人は、このケルト人をローマ語でブリトン人と呼んだ。そこで、ブリトン人の住む島ということでブリタニアと名付けられたのである。

時代はさらに下り、一千五百年前、紀元五～六世紀のころに、ケルト人は、ドイツ系のアングロ・サクソン人にとってかわられた。アングロ・サクソン人はその八割がアングル人だったことで、アングル人の住む島の意味、アングル＝ランドが転じて、イングランドと呼ばれるようになったことは周知のことである。

さて、イングランドに初めてキリスト教を伝えたのは、小アジア地方にあったタルソのテオドロス司教である。八世紀のころといわれる。当時のイングランドは、「七王国の時代」でケント王国やウェセックス王国など、小国分立の戦国時代だった。

上下の身分に関係なく、戦乱に疲れていた当時の人々は、おそらく、身心両面での安らぎを求めていたことであろう。そうしたおりに伝来したキリスト教は、愛や平等、それに、来世での幸せを説いていたこともあって、イングランド全域にまたたくまに深く浸透していった。このように、キリスト教が急速に、また、深く受け入れられていったことは、イングランド史のミラクル（奇跡）といわれている。

キリスト教の普及は、人々の生活に大きな影響を及ぼすことになった。地域ごとに建てられた教会と、そこに配属された牧師が、戦乱で傷ついた人びとや病人をはじめとする生活困窮者の面倒をみることになったからである。こうした地域は教会教区、すなわち、パリッシュとよばれ、この教区制度のもとに、貧困者救済行政、いわゆる、救貧行政が始まったのである。そして、それは一六〇一年のエリザベス救貧法の成立とその施行を経て、今日の福祉行政につながっている。このため、教区制度は、イングランド地方自治の原点となっているのだが、こうした歴史をみても、宗教が政治・行政と密接な関係にあることが理解されるのである。

2　日本人と宗教

わが国では、正月になると神社や寺院にたくさんの人々が初詣をする。お盆やお彼岸には、ご先祖様をおまいりする。クリスマスになると、クリスマス・ツリーを飾り、賛美歌を聞いたり、イエス様や聖母マリア様の画像に向かってお祈りをする。

こうしたことは、多くの日本人にとって、年々歳々くりかえされる行事のようになっている。だが、考えてみれば、自分以外の存在に向かってお祈りすることは、ともすれば、傲慢《ごうまん》になりがちな人間にとって、そうした弊害に陥らないようにするためにも、貴重なときといえるのであろう。しかも、わが国では、特定の宗派にこりかたまり、他の宗派を徹底的に攻撃する、などという人の数は少ないようだ。

そもそも、八百万《やおよろず》の神というくらい、わが国では古来より、たくさんの神様が共存しておられた、ということになっている。そうした神様は、それぞれに得意分野をもっておられ、人々の信仰をあつめてきた。

たとえば、七福神のなかの弁天様は、弁財天ともいわれるくらい、人々を経済的に豊かにしてくれるという点から信仰の対象となっている神様である。

また、大黒《だいこく》様として知られる大国主命《おおくにぬしのみこと》は、ワニをだましたそのむくいで白毛をぬかれて苦しんでいるうさぎを、たちまち元の白うさぎにして下さるように、苦しい状況に置かれた生き物を救って下さる、心やさしい神様である。しかも、助けられた白うさぎは、大黒様にやさしい花嫁との縁をとりもち、その恩に報いる、といった内容である。「大きな袋を肩にかけ、大黒様が来かかると……」という歌とともに、この「いなばの白うさぎ」の神話は、たいていの日本人は知っているのではないだろうか。

このほか、海の幸、山の幸をわたしたちの食卓にもたらして下さる海幸彦《さちひこ》、山幸彦《さちひこ》の話しなど、だれもが一度はどこかで聞いたことがあるであろう。

こうした「神話」は律令体制がつくられていく八世紀の奈良朝時代にまとめられていったのだが、この神話に描かれた日本国発祥の地は、日向《ひゅうが》の国、現在の宮崎県になっている。そして、天孫降臨《てんそんこうりん》の地とされる高千穂の峰のある霧島連峰は、宮崎県都城市から、鹿児島県にかけて、今も美しい山なみを見せている。

神話はこうして今も日本人の心のどこかに生きているといえよう。

神話だけでなく、仏教も日本人の生活に大きな影響を与えてきたことは誰もが知っている。聖徳太子の十七条の憲法や、奈良時代の聖武天皇と光明皇后による鎮護《ちんご》国家の政策には、仏教の教えである「和」がその中心にすえられている。奈良・東大寺の大仏は、人々の和と国家の安泰を実現しようとする仏の慈悲をあらわしたものであろう。

次いで、平安時代の最澄、空海の両大師、空也上人、源信僧都を経て、鎌倉時代の法然上人、栄西禅師、親鸞上人、道元禅師、日蓮上人、一遍上人、といった祖師に至り、仏教の教えは庶民にまで広がりをみせたのである。

これらの先達は念仏や座禅、題目などをつうじて相手をおもいやる気持ちの尊さや一人ひとりの人間としての独立の大切さを教え、伝えてくれた。

江戸時代の末期から明治時代の初期にかけて西欧列強がアジアに進出してきたとき、日本が列強の植民地にならずに独立を保つことができたのは、これらの祖師の教えが一般国民の間に浸透し、国民の精神的支えとも、誇りともなったおかげといわれるほどである。

このように、神話や仏教の、国民の精神に与える影響が、一国の盛衰にかかわっている、という点では、宗教と政治というテーマはきわめて重要なものである。

ここでは、「宗教と政治」とのかかわりを深く探求したルソーの宗教思想をみていくことにしよう。

3　公益と市民感覚

ルソーは、国家が国民の幸福を実現するうえで、宗教が大きな役割を果たすものであることを、その生涯のかなり初期の段階において、すでに確固たる信念として深く認識していたといわれている。

だが、生まれ故郷のジュネーヴにおいて芽を出し、青年時代をすごしたサヴォワにおいて育まれたといわれるかれの宗教的感情が初めて明確な姿をとって現われたのは、本書第四章６「ヴァンセンヌの啓示」で紹介した、かのヴァンセンヌの体験においてであった。この「体験」こそは、ルソーの「信仰」を明確にし、さらに強化して、来るべき迫害の日々に際してもなお「真理のために生命を捧げる」（古代ローマの詩人、ユヴェナリスの句）と決意させたかれ自身の「回心」であった。

したがって、ヴァンセンヌの陶酔は、ルソーをして使徒的な使命感に燃え立たせたという点で、まさに「宗教的な」体験だったのである。

さて、ヴァンセンヌの体験を経たルソーは『社会契約論』を「ただ理性の全力をふりしぼって」書いたという。また、その内容に関しては、純粋に現世社会における市民の権利と義務の問題に限る、ともいう。それにもかかわらず、かれが『社会契約論』の最終章で「市民宗教」に関する一章を設けた理由は、おそらく、人間の内にある、あの消し難い「不確実な心理的衝動」のためであったと思われる。

わたしたちは、政治的正義の源としての政治原理を受け入れた場合でも、その原理に常に忠実であることはほとんど不可能であるだろう。また、その原理がいかに合理的で論理的であろうとも、公益にとって有害な利己的打算という情念が一人ひとりの内に、必ず頭をもたげてくるにちがいない。こうしたことは、自らをふりかえってみれば理解できることであろう。そうであれば、公益を実現するような政治原理に対しては、市民がそれに忠誠をささげることが必要になる。そして、そのためには、市民の忠誠心が絶えず確固たる道徳的効果によって再生されなければならないことになる。

いいかえれば、ここで問われていることは、利己的な打算の誘惑に惑わされ、そのために弱められがちな「市民感覚」を、回復させるための手段はどのようなものでなければならないか、ということである。この手段こそ、市民宗教にほかならない。「それぞれの市民をして、自分の義務を愛さしめるような宗教を市民が持つことは国家にとって、実に重大なこと」なのである。

4　自然の善性

ルソーの書いたもののなかには、真剣で切実な響きをもって、かれの心情が伝わってくる文言に出会うことが少なくない。〝秩序への愛〟や〝祖国への愛〟は、まさにそれにあたるであろう。どちらも〝愛〟という語が用いられているが〝愛〟は原理においても、実際においても、技量の領域ではない。それは人間の心の領域であり、さらにいえば、倫理、道徳、そして宗教の領域である。〝愛〟を自覚的に、このような領域のものとしてとらえる点で、人間は他の動物と区別される。

このような特性をもつ〝愛〟が、政治に結びつくとなれば、政治を〝心〟の領域――倫理、道徳、宗教

――としてとらえることになるのは当然である。

そこでルソーはいう、「人間を通して社会を、社会を通して人間を研究しなければならない。政治学と倫理学を別々にとりあつかおうとする人々は、そのどちらにおいてもなにひとつ理解しないことになるのだ」。この一節には、古代ギリシャのポリス(都市国家)において、徳高き哲人が政治を運営することを理想と考えたプラトンの思想の影響がみてとれる。

「人間を通して社会を、社会を通して人間を研究」するとは、〝倫理・道徳を通して政治を、政治を通して倫理・道徳を考える〟ことに他ならない。この考え方は、ルソーの最も代表的な二つの著作のなかで、相互に対応する形で次のように述べられている。

モン・ルイにある館。ここで『社会契約論』、『エミール』が執筆される。

すなわち、「万物をつくる者の手をはなれるときすべてはよいものであるが、人間の手にうつるとすべてが悪くなる」。

『エミール』第一編冒頭にある有名なこの一節は、「人間は自由なものとして生まれた、しかもいたるところで鎖につながれている」という、『社会契約論』の冒頭の一節に対応している。

本来、善であった万物は、神の手中から離れ、「人間の手にうつると」「悪く」なり、また、本来、

「自由なものとして生まれた」人間は、文明に絡《から》みとられた既存の社会に組み入れられるとともに、「いたるところで鎖につながれ」、自由を喪失した存在になり下がってしまった。

この二つの有名な文言は、ルソーの思想を、同時代の「哲学者たち」のそれと分かつだけでなく、かれの思想を独創的なものにしている。それはルソーが、自然、すなわち、神の存在とその善性を確信し、この確信を梃《てこ》として、新たな人間像、政治像を創造したからである。

むろん、ルソーとても、これらの新たな像を一挙に創造できたわけではない。

そもそも神は存在するのか、存在するとすればそれはどのようにして証明できるのか。それになによりも、神が至高、最善、全能であることをいかにして証明できるのか。さらに、こうしたことが証明できたとして、万物の霊長たる人間が本来、善なる存在であることを、人はどのようにして証明できるのか。

こうしたことすべてを、ルソーは自らの課題とし、熟考を重ね、ひとつひとつ論証していかなければならなかった。そして、その苦闘の思索から生みだされたのが『エミール』のなかで展開された「サヴォワ助任司祭の信仰告白」である。

5　サヴォワ助任司祭の宗教——自然宗教

田園、湖、木立の森に好んでその身を置き、朝の日の光や夕暮れの星がその光景を一層豊かにする自然の美しさに恍惚《こうこつ》となりながら、そこに「神を感じた」というルソーの宗教思想が最もよく展開されているのは、いうまでもなく「サヴォワ助任司祭の信仰告白」においてである。

しかし、わたしたちは直ちに次のような点に留意しなければならないであろう。それは、ルソーにとって自然の光景とは、あくまでもかれの宗教的感覚を目覚めさせ、保持させるきっかけにすぎなかったということである。したがって、かれの神は、汎神論的《はんしんろん》、自然主義的基礎の上に築かれている、シャフツベリーが展開したような宇宙に対する直感的、審美的宗教とは異なる。ルソーの抱く神は、あくまでも、人間の自由と良心とを基礎づけるため

『エミール』の構想を練るルソー

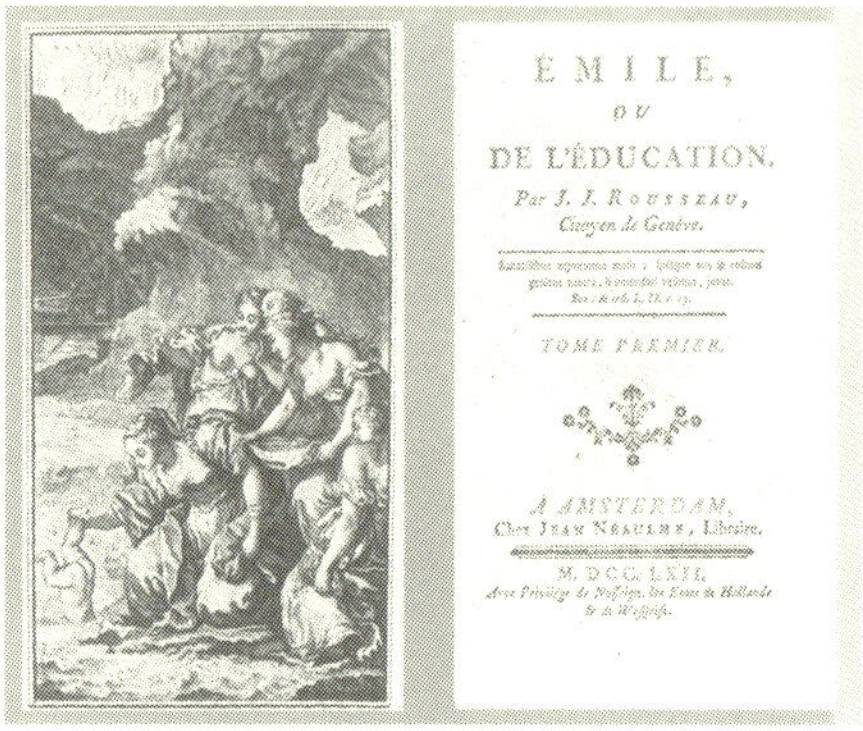
EMILE,
OU
DE L'ÉDUCATION.
Par J. J. ROUSSEAU,
Citoyen de Genève.
TOME PREMIER.
A AMSTERDAM,
Chez JEAN NÉAULME, Libraire.
M. DCC. LXII.

『エミール』初版本

の倫理的宗教たることにその意味がある。

それでは、市民宗教の基礎をなすといわれるこの助任司祭の宗教——それはルソーによって「自然宗教」と名付けられた——とはいかなる内容と意義を持つものなのか。

助任司祭はまず自然の美しさに魅入られる。そしてそこから三つの信条を確立する。

これらの信条から帰結する、人間のうちなる〝秩序への愛〟——自然宗教——が、市民のうちなる〝祖国への愛〟——市民宗教——へと結びついていくことになる。そこで、以下、三つの信条に至る論理を跡づけてみよう。

助任司祭を借りて語るルソーはまず、「わたしは存在する」という事実から、思惟を始める。いうまでもなく、このテーゼは、R・デカルトが哲学の第一原理とした**cogito, ergo sum**（わたしは考えるゆえに、わたしはある、の意）に触発されている。

「わたしは存在する」という事実は、最初の、真実で否定できない事実である。なぜか。それは、「わたしは存在する」という「事実」を認識する「わたし」という意識は、「わたし」のうちにある感覚と、「わたし」の外にある対象物が、因となり果となって、生じてくるからである。

対象物が「わたし」に与える印象を待ってわたしの感覚が機能するだけだとしても、感覚を生みだす「わたし」だけが、その「わたし」だということも真実である。むろん、感じたり感じなかったりすることは「わたし」の自由にはならないが、「わたし」の感じていることを検討したり、しなかったりするのは「わたし」の自由だ。だから、「わたし」は感覚能力をもつだけの受動的な存在ではなく、「考える力」、すなわち「知力」をもつ能動的な存在である。

「わたし」にとって、「わたし」は能動的、自発的、意志的な物体として存在し、「わたし」に知を触発させる対象物が、「わたし」以外の物体ということになる。物体にはだから、ほかから伝えられる運動と、自発的・意志的な運動という二種類の運動があることになる。

ある物体が動いている場合、その物体に生命が与えられているか、それともその運動は物体に伝えられたものであるか、のいずれかである。有機的でない物質がひとりでに動いたり、なんらかの作用を生みだしたりするという考えを、「わたし」の精神は完全に拒絶する。

ところで、「わたし」の観念にある物体のなかで、わたしとその周囲のすべてを包むものは宇宙である。具体的に眼に映るものとしては、地球、太陽、星、月とそれらが日々繰り返す自然の光景である。

この宇宙は「動いている」。それは規則正しい、一様な、変わることのない法則に支配された運動をしていて、人間や動物の自発的な運動にみられるような自由は、全然、もたない。だから、宇宙は自分で体を動かす大きな動物のようなものではない。

そこで宇宙の運動にはなにか外部的な原因があることになる。「わたし」は太陽が巡っているのを見れば、それを推し進めている力を考えずにはいられないし、地球が廻っているなら、それを回転させているものの手が感じられると思っている。

ともかく、宇宙をみたとき、その運動の最初の原因が宇宙のうちにないことだけは明らかである。だから、「わたし」はなんらかの意志が宇宙を動かし、自然に生命を与えているものと信じる。これが「わたし」のうちなる第一の信条である。

ところで、「わたし」は意志がどのようにして物理的な作用を生みだすかはわからないが、意志が物理的な作用を生みだすことを、「わたし」のうちに感じている。感じている、というのは、意志がどのようにして物理的な作用を生みだすのかは、わかろうとしても理解不可能なことであるし、説明不可能なことだからである。

つまり、宇宙の運動や「わたし」の意志は人間の精神には理解できないことなのかもしれない、ということは「わたし」にもわかる。しかも、宇宙は一定の法則に従って動いているし、人間は自らの意志が物理的な作用を生みだすことも明らかなのである。とすれば、宇宙や人間という物体には、〝英知ある存在者〟が存在していることを示していないか。

確かに、「行動し、比較し、選択することは、能動的な、ものを考える存在者の行うことだ。だから、そういう存在者が存在する」ことになる。この〝英知ある存在者〟は、「回天する天空のなかにだけではなく、わたしたちを照らしている太陽のなかにも存在するのだ。わたし自身のうちにだけではなく、草をはむ羊、空を飛ぶ小鳥、落ちてくる石、風に吹かれていく木の葉のうちにも存在する」のである。

なお、この部分は、鎌倉新仏教（一二〜一三世紀）を代表する祖師の一人で、遊行上人、捨て聖《ひじり》、として知られる一遍上人（一二三九〜八九年）の、「よろず、生きとし生けるもの、山河草木、吹く風、立つ浪の音までも念仏ならずといふことなし」（〝山川草木悉皆成仏〟）を思いださせる。旅の思索者・一遍上人と、多感にして、青春時代には放浪の人でもあったルソーとは、時空を越えて、〝魂〟の体験において共通するものがあったのであろうか。

ここでルソーは、「わたし」のうちなる第二の信条として、次のように確言する。すなわち、「動く物質はある意志をわたしに示してくれるのだが、一定の法則に従って動く物質はある英知をわたしに示してくれる」。宇宙にも人間にも、生きとし生けるすべての内には、〝ある英知〟が存在していることを、「わたし」に示してくれているのである。

以上にみてきた「わたし」のうちなる第一、および第二の信条を確認した助任司祭は、さらに、内なる〝英知〟への尊敬、賛嘆へと進んで行く。

すなわち、「宇宙を動かし、自然に生命を与えている」「英知」が存在することを〝感ぜずにはいられない〟「わたし」ではあるが、宇宙の目的、人間の目的、が何であるかは、「わたし」にはわからない。「わたし」には、なぜ宇宙は存在し、宇宙全体が何の役に立つかは知らない。が、しかし、それぞれの部分の歯車が歩調をそろえて動いているのは、ある共同の目的のためにほかならないことがわかる。

そして、この「あらゆる存在の調和とそれぞれの部分が他の部分を維持していこうとするみごとな協力」は、「ただ一つの結びつき」から生まれる「秩序」と考えざるをえないのであり、単なる組み合わせとか、偶然という結果から生じたものではない。

変わることのない秩序を保っている存在の体系は、それに秩序を与えている〝力づよい賢明なある意志〟によるのだ、ということ――このことは、偏見にくもらされていない目をもってみれば、はっきりと感じられるのではないか。

とにかく、たしかなことは「全体は一つのものであって、ただ一つの英知を示して」おり、この「宇宙を動かし、万物に秩序を与えている存在者、この存在者」を「わたし」は神と呼ぶ。

ただ、その神を実体として知ろうとすると、神は「わたし」から去っていき、もうなにもみとめられない。賢明な人間なら、そのような神に畏《おそ》れを感ぜずにはいられないはずである。

しかも、英知、秩序、それに体系、を体現する神は必然的に、〝善性〟の観念に結びつく。そして、そのような神が支配している事物のなかで、人間は「第一位の地位を占めている」ことが理解できる。

なぜなら、これまでみてきた第一、および第二の信条から明らかなように、人間は自らの周囲にあるすべてのものにはたらきかけることができ、それらの作用を受け入れたり避けたりすることもできるし、また、知性を持つことによって、あらゆるものを調べることができる「唯一の存在」だからである。

ここで、「わたし」は唯物論をきっぱりと拒絶し、人間の意志を決定するのは、知的能力、判断力にほかならないことを知る。つまり、あらゆる行動の根源は自由な存在者の意志にあり、人間は自由な者として、非物質的な実体によって生命を与えられていることを理解する。そして、この非物質的な実体である魂(精神)は永遠不滅である。これが「わたし」の第三の信条なのである。

6　信仰告白にみる「秩序への愛」

さて、「信仰告白」で展開された以上の三つの信条を基に、自分自身に立ち返って考えてみるとすぐに、「わたし」の心には「人間をつくった者に対する感謝と祝福の感情が生まれ」、この感情からはじめて「恵みふかい神に対する尊敬の念が生まれてくる」。

この神への尊敬の念は、自然そのものから、「わたし」にあたえられる。「わたし」を守ってくれる者を尊敬し、「わたし」の幸福を望んでいる者を愛するのは、自分に対する愛から導きだされる当然の帰結である。自分に対する愛、すなわち、自己愛は、自然が人間に植え付けた最初の情念である。

この〝自己愛〟は、〝自己保存の欲求〟でもあるが、この欲求が、他者の〝自己保存の欲求〟を損《そこ》なわず〝神聖〟に保たれる限り、〝自己愛〟は正しい情念である。ここにいう、〝神聖〟な状態とは、同胞が苦しむのをみて催す〝憐《あわ》れみの情〟の発露《はつろ》を指す。

ルソーによれば、〝自己保存の欲求〟と〝憐れみの情〟こそは、「人間精神の最初のもっとも単純なはたらき」であり、「理性に先立つ一つの原理」である。この二つの原理は、神、すなわち、自然が人間に与えてくれた本能にほかならない。そして、この二つの原理にのみ従う存在を、ルソーは、〝自然人〟と想定する。

この自然人は、社会的偏見から生じる利己心によって損なわれていない、神が創り給うた本来の正しい人間である。

ところで、いかに〝本来の正しい人間〟であろうとも、人は孤立して生存することはできない。人間は、共同体をつくらなければ生命を維持できない弱い存在である。ルソーは、この共同体を国家(かれは国民国家を想定していた)と呼ぶ。国家を形成しなければ、生命の喪失とともに、自然人のうちなる〝自然の善性〟も消えゆくほかはない。

問題は、自己保存の欲求と憐れみの情という二つの原理を失うことなく、共同体に生きる人間(市民)にふさわしい国家をいかにしてつくりあげるか、という点である。もし、そのような国家をつくりあげることができるとすれば、それは人間のうちなる自己愛を神聖な状態に維持できるような共同体、すなわち、祖国にほかならないであろう。

かかる祖国の創出とのかかわりから、秩序と自由の両面について、ルソーは次のような論理を展開する。まず、秩序についてかれは、人間が知的で感情的な存在であるとしながら、その人間の欲望なり、願望は肉体と魂の二つからなっている、と指摘する。そして、この二つのうち、自らの積極的な意志によって作りあげていく魂(心)の願望が、〝秩序への愛〟という名をとる、と述べる。

「神は聡明である。……神は善なる者である。……しかし、人間の善とは自分と同じ人間に対する愛であるが、神の善とは秩序に対する愛である。秩序によって神は存在するものを維持し、一つ一つの部分を全体に結びつけているのだ。神は正しい。……それは神が善なるものであることの一つの結果である」

ここには、人は神を通じて、魂の願望である〝秩序への愛〟に至ることが明確に述べられている。〝秩序への愛〟は、神の善にほかならないからである。この、人をして、魂が欲する願望、神の善、秩序への愛、へと向かわしめるものが「良心」なのである。

「良心！　良心！　神聖な本能、滅びることなき天上の声、無知無能ではあるが知性をもつ自由な存在の確実な案内者、善悪の誤まりなき判定者、人間を神と同じような者にしてくれるもの、おんみこそ人間の本性をすぐれたものとし、その行動に道徳性を与えているのだ」

この雄弁な美徳の頌辞《しょうじ》は、ルソーの精神的危機から生まれた一つの啓示、回心にほかならない。モラリスト、ルソーは、これまでみてきた神義論を、あるべき共同体、すなわち、絶対に誤まることのない〝一般意志〟の行きわたる、市民のための〝祖国〟へと敷延《ふえん》していく。ここに、政治哲学者、ルソーが現れる。

7　「秩序」と自由

以上、見てきたところから明らかなように、ルソーの述べる宗教は、盲目的な信仰をしりぞけた倫理に重心のあることがわかる。そして、そこで展開された《自然の秩序正しい均衡》の法則は、「神の善とは秩序に対する愛である」として、初めて秩序を正義の問題に結びつけるのである。ルソーの「神」は、「秩序」と「創造」という二面を持つ。ルソーの政治思想を、宗教思想の面から分析したビュルジュラン氏やコッタ氏は、かれの「神」を、とりわけ、「秩序」の神である点を強調している。このことは次に見る「自由」の観点から、より一層明らかになる。

ルソーがサヴォワ助任司祭をして語らしめているところによれば、人間の自由は二つの方向に分離する。一方は「全体との関連において自らを秩序づける」道徳的自由であり、他方は「すべてを自分に結びつけて秩序づける」自然的自由である。自己愛を基礎とする前者は、人間を神の如《ごと》き存在になし、人間の原初的無垢と秩序を生みだす。他方、利己心を基礎とする後者は、あらゆる自然的秩序を覆《くつがえ》して無秩序を生み出して行く。

この二つの「自由」のうち、前者の道徳的自由を獲得しようとする人のみが、神によってつくられた普遍的秩序の中に位置する特別な存在としての自己の立場を認識することができる。このことはまた、広大な自然の中において、小さな部分的存在にすぎない人間も、全体の秩序のためにはおのおのの「自我の限界」を越えた《共同の利益》を追求する存在(＝市民)にならなければならないことを意味している。そのような、市民は祖国の〝立法者〟と呼ぶにふさわしい存在でもある。

ここに、助任司祭が言う、「共同のためにつくせと語りかける自然の感情」そのものが、〝市民の自由〟にほかならないことが理解できるのである。

こうして、助任司祭のいう〝自由〟とは、あくまでも、神の義たる〝秩序〟に基づき、全体の調和に貢献する自然の感情を指していることを、わたしたちは理解することになる。そしてこのような、〝自然宗教〟は、共同体（祖国）に生きる市民を鼓舞する〝市民宗教〟として現れる、という論理に結びついていくことになる。

8　愛国心の宗教

自然宗教が市民宗教として現れるということはどのようなことを意味するのであろうか。それは、自然の普遍的秩序（＝宗教）と、人為の社会的秩序（＝政治）との関係が、わたしたちの視野にはいるということにほかならない。この点について、以下、見てみよう。

くり返し述べてきたように、ルソー思想の原点の一つである「社会契約」は、「公共」ということによってのみ基礎づけられている。そのため、社会契約は、政治的権利にかかわっており、宗教的なかかわりとは無縁であるように思われるかもしれない。

しかし、この点について、かれは『学問・芸術論』に続く、二作目の『人間不平等起源論』のなかで次のように述べている。

「人間の政府は単なる理性よりももっと堅実な一つの根底をいかに必要としたか、そして主権を自由にするという忌まわしい権利を臣民から剥奪《はくだつ》したところのあの神聖にして犯すべからざる性格を主権に与えるために、神意の干渉することが公の平安にとっていかに必要であったか、ということである。宗教が人間に対してこの善事だけしか為さなかったとしても、それだけでも、すべての人間が多少の弊害は伴ってもなおかつ、宗教を愛育し、採用しなければならない、ということの充分な理由とはなろう。宗教は狂信が流させるよりもはるかに多くの血を節約してくれるからである」

ルソーはここで、「神意の干渉することが公の平安にとっていかに必要であったか」と述べ、宗教の持つ効果を社会との関係において的確にとらえていた。

かれはまず、人間の社会というものは約束という信頼に基礎づけられているだけであるとしたが、そうである以上、この約束は人民とその自ら選んだ首長との間の契約を破棄するものであってはならないと考えた。つまり、契約の破棄によって政治体の瓦解《がかい》をもたらさないようにしなければならないと考えたのである。

そして、そのためには、契約に神聖な資格なり、権威がなんらかの宗教によって賦与されなければならない。ここに、「それぞれの市民をして、自分の義務を愛さしめるような宗教を市民がもつということが国家にとってじつに重大なこと」となるわけがある。

そこで、国家というものが「宗教なしには存続しえない」とすれば、国家にふさわしい宗教はどのようなものであるべきか、という設問にたどりつくことになる。

国家にふさわしい宗教という点について、ルソーは、人間の宗教であるキリスト教と古代市民の宗教である民族宗教とを取りあげている。そのうえで、かれは、マキァヴェリやスピノザの政治原理を学ぶことによって、カトリック教会を基礎とする伝統的キリスト教（教義的キリスト教）を、「もっとも社会的精神に反するもの」として拒否している。また、かれは自ら展開した自然宗教をも、それが福音書キリスト教の本質を内在させており、社会的精神に反する、という観点からいったんは、拒否している。

けれども、伝統的キリスト教を排除したルソーも、こと自然宗教に関しては、その教義が持つ「社会性の意識」としての範囲内で、その意義を認めたのであった。

事実、かれは「わたしはクリスチャンです。……福音書の教義に従う心からのクリスチャンです」と述べ、さらに、福音書の教義を「知的には真実であり、道徳的には高尚」なものと認めていた。そして、その時、常にかれの念頭にあるものは、福音書の教義の「真実かつ高尚」なる部分を自然宗教に取り入れることにより、この自然宗教を社会性の意識としての範囲内に集約しようとすることにあった。

このように、宗教は社会を成り立たせるための基礎でなければならないが、しかしここには一つのむずかしい問題がある。それは福音書と自然宗教の教義のいかなる範囲までが国家によって確立されるべきか、という問題である。

この問いに対するルソーの答えは、自然宗教を基本として、各国の特殊事情と個々の信念に基づいて、それぞれの国にふさわしい国民宗教をつくるべきだ、というものである。

一方、民族宗教についてかれは、それが「神々の礼拝と法への愛とを結びつけ、また、祖国を市民たちの熱愛として国家に奉仕することが、とりも直さず守護神に奉仕することだと教えている点で良い宗教」であると考えている。

祖国を追放されたスパルタ人、バビロンの洪水によって祖国を失ったユダヤ人、さらには異国の空の下で生きることを余儀なくされたローマ人——これらの神話的、歴史的な民族の悲劇を熟知していたルソーは、「神の必要性を道徳的考察に基礎づけることによって、また道徳をパトリオチスム(愛国心)と同一視することによって」、神を徹底的にパトリオティーク(愛国的)なものにしようとした。

かれにとってパトリオチスムとは市民精神に強固な基礎を与える、強力で豊かな感情そのものである。パトリオチスムは、徳と自由を結びつける国民的感情にほかならない。したがって、民族宗教は、すべての市民を祖国愛に燃え立たせるパトリ(祖国)の宗教でなければならないことになる。

だが、市民にとってかくも望ましい民族宗教にも「民族間の憎悪や残虐行為の炎をあおる」という大きな欠陥がある。

そこで、良き国家、良き市民のために設定されるべき宗教はキリスト教と民族宗教に付随するこのような欠陥を除き、それぞれの長所を生かす一つの宗教、いいかえれば、福音書の真実さと市民的情熱たるパトリオチスムとを結びつけうるような宗教である。ルソーの「市民宗教」は、このような論理的帰結のもとに生みだされたのである。

9　市民宗教

『エミール』は、秩序立った、しかも調和した宇宙の自然的全体を描いている。『社会契約論』は、秩序と調和の社会的、政治的全体を描いている。前者において展開されたのが自然宗教であり、後者において展開されたのが市民宗教である。どちらも、秩序と調和をテーマとしている点が重要である。

つまり、『エミール』の「助任司祭の信仰告白」において展開した自然的秩序に対する洞察を、市民的、社会的見地に基づいて政治的秩序を理論化した『社会契約論』の中で再生させている。そして、この両書において、神(＝自然)の意志と市民の一般意志とを一致させ、秩序への愛としての善と、法への尊敬としての徳を一致させている。

このような思想の組み立てから、市民宗教は、自然的秩序(神の意志)と政治的秩序(一般意志)という二つの側面を、統一したルソー思想の《頂点》とみなされるようになったのである。

さて、市民宗教は「主権者がその項目を決めるべき、純粋に市民的な信仰告白」である。この場合の主権者とは、公教育を授けられた不羈《ふき》独立の市民、すなわち「立法者」のことである。ルソーはエミールを「立法者」として育てるために教育論を著したのであるが、『社会契約論』においては、マキアヴェリの影響から、「我が同胞」とまで呼んだモーゼ、リュクルゴス、ヌマというような古代の偉人・英雄を理想の立法者に見たてている。

「愛国心と仁愛《じんあい》主義は両立しがたい二つの徳である。そして何よりも率直な人民の間にあっては両立しがたい。この二つを欲する立法者は決してこのどちらをも獲得することはできない」

『山からの手紙』の脚注にこのように書いていたルソーにとって、モーゼら三人の偉人・英雄は、市民を祖国に結びつける絆を、常に排他的で国民的な宗教儀式の中に見ていた真の立法者であった。社会契約を基礎とする社会においては、「社会秩序はすべての他の権利の基礎となる神聖な権利」であるから、個々人の権利は秩序、あるいは徳の達成という目的のために「全体」に従属するものと見なされる。

ここにおいてわたしたちは、ルソーの政治的見解が、「助任司祭の信仰告白」において展開された宗教的見解——整然として調和のとれた全体としての自然と、そうした全体を統制する秩序への愛——に合致していることを再確認することができるのである。

そして、自然の調和と社会の調和とは、決して異なる次元にあるわけではない、という段に至って、人間の自由のために必要となる、社会への人間の権利の全面的な譲渡をいかにしてはかるか、が問題になるのである。

すでに見たように、ルソーは個々人が社会において真に自由な存在になることができるのは、一般意志の中に自己を見いだすことによってのみ可能となると考えている。そもそもかれによれば、政治権力は市民の「全体」に属する。すなわち、「法」に属する(人民主権)のである。そこで、市民は一般意志へ服従することによって得られる法的自由(ルソーの言葉を用いるならば、社会的自由)の下で、国家とその権力への参加の自由を獲得することができることになる。

したがって、もしも一般意志への服従を拒むものがあらわれたとしても、人は「社会契約を空虚な法規としないために」、共同体によってそれに服従するように強制されることになるわけである。このことはまた、市民が市民であるためには、立法者の定める市民宗教による道徳的自由の実践が要求されることを意味しているのである。市民宗教を臣民に支持させるように強制することは、「人をして自由であるように強制すること」と同じことであるといわれるゆえんである。

10　課題と意義

ルソーの宗教論の特徴はまず、生きとし生けるものすべてを、自然の体系のなかに置いている。しかし、ひとたび道徳的領域にその関心を移すや、かれは、他の生物から切り離して、知的で感受性を持つ人間の価値を考察している。

　人間は道徳的、精神的存在なので、究極的には自己の肉体的本能に依存するよりは、人間としての自由の意志に基づいて生きるであろう。もとより、自己の本性にしたがって生きることは人間の最大の特権である。だが、この特権を社会の中においても最大限に生かしながら、しかも人間を社会的、道徳的な存在である市民にする、そのための宗教が、市民宗教である。

　ここでわたしたちは再びルソーをして、かれの市民宗教を語らしめてみよう。

「あらゆる良き宗教の基本的ドグマ（教義、教え）を含み、また普遍的社会であれ特殊社会であれ、この「定義」から、かれの市民宗教が普遍的社会（＝宗教社会）と特殊社会（＝政治社会）の両方の良きドグマ（教義）を含む「折衷《せっちゅう》宗教」の側面があったことが研究者らによって指摘されている。確かに、市民宗教はサヴォワ助任司祭によって導かれた不可謬《ふかびゅう》の神たる自然宗教と、立法者によって定められた市民の教義とを結びつけた折衷宗教ととらえられる面がある。

このことは、ルソーの展開する市民宗教が、純粋に独創的な宗教ではなく、「中途半端な」妥協の産物としてあらわれざるをえなかった、と指摘されるところともなっている。そのように指摘する研究者の一人であるデラテ氏は、ルソーの市民宗教がこうした妥協の産物としてとどまってしまった理由を三つあげている。

第一は、時代的制約である。キリスト教の世紀が続いている当代においては、古代国家の守護神であったような民族宗教を再びおこすことは不可能である。そこで、市民宗教を創出する以外には、市民を祖国に結びつけることはできないであろう。

第二は、ルソーが『ジュネーヴ草稿』において、「わたしたちは人間の宗教と市民の宗教とを結びつけた」と記しているように、かれはあくまでも、人間の義務と市民の義務とを結び付けようとする意図を抱き続けていた。それゆえに、かれは、福音書キリスト教でも民族宗教でもない、第三の宗教である「市民宗教」をうちたてることになったのである。

第三は、ルソーが宗教的、社会的不寛容を排除しようとしていたことにある。この点についてかれは、不寛容こそ追放されるべき唯一の否定的教義であると主張した。だが、旧来の宗教がすべて不寛容という害悪から免れえなかったために、新たに「寛容」な市民宗教を考えださねばならなかったのである。

以上の三点を踏まえたとき、新たな市民宗教による祖国「統一」への思いこそ、魂の最も深い欲求そのものであったといわれるルソーが、人は人間であるか、市民であるかのどちらかを選択しなければならない、と述べて二重の存在を作ることを避けようとしながらも、二重の「折衷宗教」である市民宗教をわたしたちに提示した点について批判されることになったことは、当然といえば当然といえよう。

しかしながら、ルソーはこうした問題点を充分に自覚していた。そして、それにもかかわらず、かれが目指した道は、新たな市民宗教を、市民感覚の基礎として、祖国に生きる人々に行きわたらせることにあった。それが、とりもなおさず、プロテスタント・ルソーとナショナリスト・ルソーとを結びつける宗教、すなわち、市民宗教にほかならなかったのである。

そして、この点において、ルソーの後代への影響力はきわめて強いものになったように思われる。なぜなら、かれの宗教思想には「同胞への思いやり」「祖国への愛」という、かつての宗教思想にはみられなかった清新な息吹きが感じられるからであり、同時に、時代の流れはすでに同胞への思いやりを抱く主権者の国家、すなわち、国民国家の形成へと向かって走り出していたからである。

コラム　カントの時計

一八世紀のドイツの哲学者、カント(一七二四〜一八〇四年)については、その著作に縁の薄い人でも、名前を知らない人は、まず、いないであろう。『実践理性批判』、『純粋理性批判』などを著し、カント以前の哲学は、すべてカントへと流れこみ、カント以後の哲学はすべてカントから流れでた、といわれる大哲学者である。

カントの哲学は、わが国、哲学界の最高峰といわれ『善の研究』の著者としてつとに知られる、石川県出身の西田幾多郎氏(一八七〇〜一九四五)に深い影響を与えた。

カントは生涯の多くをケーニヒスベルクで暮らしていた。子供の頃から秀才の誉れ高く、几帳面な性格で、一日のスケジュールを決め、それに沿って研究、執筆に勤しんでいた。生まれつき身体が丈夫ではなかったこともあり、気分転換をかねて健康のために、午後四時には街のなかを散歩するのも、カントの日課であった。

街の住人は、わが街の誇りであり、敬愛するカント先生が散歩をしているその姿を眼にすると、時計を見なくても、今、午後四時だとわかったという。

ところが、ある日を境に、カント先生の散歩姿が見られなくなった。街の住人たちは皆、先生が病気にでもなったかと心配して家を訪ねた。そして、窓越しに書斎をのぞいてみた。

すると、カントが机に向かって一所懸命に本を読んでいた。住人たちは、カント先生の元気な姿を見て、まずはホッと一安心、そして、なぜ、日課である散歩を休止したのか、を尋ねたところ、先生が答えていわく、「ルソーの『エミール』を読み始めたところ、あまりにもおもしろくて散歩するのを忘れてしまった」

と。

住人たちはさらに、散歩を忘れるほどに没頭したその『エミール』とは何か、を尋ねた。それに対して、カント先生は、「わたしはこれまで勉強のできる頭脳の良い人、思考能力の高い人が、人間として優れているものとばかり思ってきた。しかし、『エミール』を読んで、そうした考えが間違っていたことを知った。どんな人も、一人ひとり、かけがえのない存在だということを知った。ルソーがわたしの誤りを正してくれた」と語ったという。眼からうろこが落ちました、ということだったようだ。

以来、カントの書斎には終生、ルソーの肖像画が掲げられたという。

これは、「カントの時計」として知られる哲学者カントの数少ない有名なエピソードのひとつである。

ところで、このようにルソーの影響を受けたカントは、理性(知力)だけが人間の幸福にとって必要であるという考え方や、理性以外の一切を排除しようとする「純粋理性」という主張を、批判し、論駁《ろんばく》した。

そして、自らの哲学原理を「わが内なる道徳律」にその基盤を置いた。

「それを思うことがたび重なれば重なるほど、また長ければ長いほどますます新たな、かつますます強い感歎と崇敬の念とをもって、心を満たすものがふたつある。わが上なる星空と、わが内なる道徳法則とである」

『実践理性批判』の結論にあるこの有名な言葉は、ルソーの『エミール』のなかにでてくる「サヴォワ助任司祭の信仰告白」に強く影響されたものである。

カントは、「人間とは何か？」「人間とは何であるべきか？」という神義論の問題に対する解答の功績をルソーに帰した。それはかれがルソーの倫理的、宗教的見解の核心をとらえ得たからである。

そうあればこそ、カントは、人間の内から失われていく他者への思いやり、人間性をいかにして回復していくか、をかれの生涯をかけた哲学研究の大命題にすることができたのであった。

そして、カントのこうした問題意識とその広がり・深さが、ルソーの思想から由来していることは、あらためていうまでもない。したがって、現代哲学の基礎ともなったカントの哲学を知るためには、さらには、わが国の西田哲学を知るためには、その原点であるルソーの思想を知ることが欠かせないといえよう。

カントは、自然科学史の最高峰にそびえ立つサー・アイザック・ニュートンを引き、ルソーを道徳世界のニュートンであると称賛したのである。

第六章　教育思想——子供の発見

1　教育思想と政治

古代ギリシャの哲学者として誰もがその名を知っているソクラテス、プラトン以来、政治は教育と一体のものとして語られてきた。その代表的な例としては、プラトンが古代の都市国家に生きる理想の人間像を『国家篇』のなかに描きだしている。

時代がずっと下った一七世紀のイギリスでは、ジョン・ロックが民主主義の市民社会に求められる理想の人間像として、その『教育についての考察』においてジェントルマンを描いたことは、よく知られている。

そして、ルソーは、同胞への思いやりを身につけた自由・自立の市民像を、教育論『エミール』において展開した。いかにすれば、偏見をもたない自由で自律した思いやりのある市民が誕生するか。そうした市民はまた、理想の立法者としての可能性をもつのだが、ルソーは、教育論をつうじて、市民政治のあるべき姿を論じたのであった。

さて、現在、時代の転換期のなかで、新たな人間が求められている。新たな人間とは、単にこれまでの人間とは違う人間という意味ではなく、あるべき普遍的な質を有する人間のことである。

ところで、今そのような人間が求められている背景には、人間としての普遍性が見失われる傾向にある現在の人間そのものへの反省がある。そこで、現在の人間を創りだしてきたこれまでの教育がどのようなものであったかが問われることになるだろう。

長い年月をかけて今の人間を創ってきた教育の源がどこにあり、それがどれだけの影響を及ぼしてきたかが問われるだろう。同時に、そこに新しい人間を造るための手掛かりを得ることができるだろう。

そしてこのような場合に役立つのは思想、なかんずく過去の教育思想の遺産である。その遺産は、単に過去の思想としてではなく、それ自身が固有の価値と意味とをもつものとして、今日、われわれに多くの示唆を与えてくれるにちがいない。

このような視点から教育について見てみると、大きな意味をもつのが一八世紀フランスの教育思想である。周知のように、教育史的な系譜からいえば、教育を近代的問題として浮かび上がらせたのはジョン・ロック(John Lock 1632-1704. イギリスの哲学者、政治思想家。『市民政府論』『人間悟性論』)であった。しかし、それをすぐれた批判的・浪漫的な文学作品を通して強力なイデオロギーとしたのはジャン・ジャック・ルソーである。そして、さらにそれを整えてすべての教師の手に引き渡したのがヨハン・ハインリッヒ・ペスタロッチー(J. H. Pestalozzi1746-1827.『隠者の夕暮れ』『リーンハルトとゲルトルート』)であった。
ロックからペスタロッチーへの橋渡しの役割を担ったのがルソーであり、一八世紀フランスの教育思想だったのである。

2　『エミール』

ルソーは一七四〇年四月から四一年五月(二七〜二八歳)にかけて、リヨンのマブリ家で二人の息子の教育を担当する家庭教師の地位にあった。ここでルソーは『サント＝マリのための教育案』をまとめたが、以来、教育問題はかれにとって最も重要なテーマとなった。「二〇年の思索と三年の労作」とルソー自ら言うように、『エミール』は長く深い思索の末にたどりついた哲学的著作である。

ルソーが、ヴァンセンヌで天啓を得て以来、堅く信じたように、人間の本性が本質的に善ならば、悪は外部からはいりこんでくることになる。不幸の源は人間の本性の根本的な欠陥に由来するのではない。それは、邪悪な環境からもたらされてきたものである。

だからわれわれがまず、とりくまなければならないことは、邪悪な環境から、人間の善き本性を護《まも》るための方法を創案することでなければならない。

エルミタージュ移住後の一七五六年、ルソーは後に『感覚的な道徳、あるいは賢者の唯物論』と呼ばれることになる著作を執筆していた。かれはこのなかで、人間のあり方にかかわる変化は、たいていは外の事物から得た印象によること、われわれは自らの感覚や器官によって絶えず修正を受けつつ、その修正された影響を思想や感情や行動に、それと気づかずに与えていること、を明らかにした。

つまり、ルソーは外的な影響、たとえば気候、季節、音、色、闇、光、元素、食物、喧噪、静寂、運動、休息、こうしたすべてがわれわれの肉体の機構にはたらきかけ、したがって、われわれの魂に働きかける、と考えた。

しかし他方、ルソーの宗教思想を分析したコッタ氏が、かれの宗教を本質的に秩序の宗教と強調したことからも明らかなように、ルソーは感覚論、唯物論の影響を受けつつも、同時代の「哲学者たち」と異なり、秩序と道徳について絶えず思いをめぐらす人物であった。つまり、啓蒙主義の時代に属しながら、ルソーはその前の時代の神学者マールブランシュやフェヌロン、あるいは人文主義者マビヨンを継ぎ、自由思想をもちながら生命的な自然観をもちつつ、神秘主義を残すような宗教性、道徳性を内面に宿す思想家であった。

したがって、ルソーは、人間を取り巻く環境を考察する場合にも、これを常に、道徳秩序と関連づけていた。この点、かれが最も嫌悪したのは「無秩序」であった。

そこで、もし経済を含めた社会的環境が道徳秩序と合致するときには、人間に大きな恵みが与えられることになるにちがいない。それというのも、人間は社会的環境を技術的に統制することを通じて、徳に最も好都合な状況にわれわれの魂をおくことができるだろうからである。ここで言う〝技術的な〟統制とは、社会制度を通じて行われる統制を意味している。

3　人間考察

このような内容をもつ『感覚的な道徳、あるいは賢者の唯物論』が『エミール』と同じ時期に執筆計画がなされていたことは注目に値する。なぜなら、ここでルソーは、この二つの著書において、個々の人間は社会的環境によって強く影響されること、したがって、共同体の成員はかれらを取り囲む複雑な社会的メカニズムによって深く影響されることを明らかにしているからである。

もっともこの二つの著作に先立つ七年前に書かれた『ナルシス』の序文において、ルソーはすでに同様の視点を簡潔に述べていた。すなわち、「すべての悪は、人間そのものよりもむしろ、悪く治められている人間に属する」と。

こうした思想的営為を経て到達した『エミール』においてルソーは、当代の人間の堕落は、人間が発展しようとしたこと、そのことにではなく、悪しき方向に発展したことに求めている。いいかえれば、善き方向への発展と、自らの独創的な可能性に向けた成長とは、同じ意味であることをルソーは明らかにしたのである。

そして、その善き方向へ発展しようとする人間を考察しなければならない、という思いがルソーをして教育への関心に向かわしめた大きな理由のひとつであった。

人はいかにして、その魂を害することなく、自らの知性を発展させうるか。また、知性が常に道徳目的へ導かれるようにするための理性は、いかにして育まれるべきものか。さらにいえば、道徳目的へ導かれるように、その理性を発展させることができる人間とは、どのような人間なのか。

これらの、すぐれて現代的な問いかけをするルソーは、〝人間の自然〟を鍵《かぎ》概念としながら、本来のあるべき人間がどのような教育によって創造されるかを考察したのである。

4　良心

ルソーの思想はしばしば次のように定式化される。文化の問題は教育(『エミール』)において扱われ、社会の問題は政治(『社会契約論』)において扱われている、と。そして、この両者がめざす目的は、当代で失われた人間の道徳・倫理の回復にある、と。人間の道徳的完成をどのようにして達成するか。この問いに対する教育的な回答が『エミール』であり、政治的回答が『社会契約論』である。

教育に関してであれ、あるいは、政治に関してであれ、ルソー思想の際立つ特徴は、かれの倦《う》むことのない〝徳〟への渇望《かつぼう》である。

ルソーにとって徳高き人間とは、ひとつは孤独におかれた無垢《むく》な原初の人間であり、もうひとつは、社会におかれる有徳な人間である。前者は自然人であり、後者は社会人である。

まず、自然人は他者との関係を一切、持つことのない存在として想定される。かれらは自らの本能、衝動に従うだけだが、社会的悪徳から免れているがゆえに幸福な存在である。「努力することなしに善なる存在でいることができ、徳なしに正義を保てるような人間は幸せ」である。

だが、当代の社会は汚れのない原初で無垢の人間が生きる場とは根本的に異なる。そこで、当代の社会において「正しく幸福である」ためには、人は有徳な存在にならなければならない。そのためには良心の指示に服することが必要になる。良心こそは、自然が人間に植えつけた最初の情念である。この点について、ルソーは次のような論を展開する。

すなわち、人間は二つの本質から成っていること、つまり、知的な存在であることと、感情的な存在であること、そして、その人間の欲望は肉体の欲望と、魂の欲望とから成っているとルソーは、指摘する。そしてこの二つのうち、積極的につくられ、発展させられる魂の欲望である秩序への愛が良心という名をとる、と述べる。

魂の欲望、すなわち〝秩序への愛〟を発展させるのは良心である。人が秩序を認識するのは、良心を通じてのみであるし、さらに、人に秩序を愛さしめるのは、良心を知るときにおいてのみである。

5　感情の優位

以上の点について、ルソーと「哲学者たち」との見解の相違は次のようになるであろう。つまり、事物の本質の真実性を見きわめようとする際に、ルソーは倫理的確証を基準にしていた。これに対して、「哲学者たち」はかれらの宗教的あるいは科学的真実の限度内でしか思考しなかったことである。そこで、ルソーにとって「哲学者たち」に対する闘いは、理性そのものに対してではなく、理性の誤れる用法に対して向けられたのである。

このことについてルソーは述べている。善を知ることは善を愛することではない。人間は善について生得的な知識をもっていない。が、理性がそれを人間に教えるや否や、良心によって人間はそれを愛するようになる。この感情こそが生得的なのである。

したがって、良心の働きは判断ではなくて感情である。なぜなら、人間の善が同胞への愛であるとすれば、神の善は秩序への愛だからである。〝神の善〟、すなわち、〝秩序への愛〟に近づくことは、人間にとっては知の領域ではなく感情の領域である。

この点、ルソーは、感情が人間と神との間の無限の空白を充たす、とするマールブランシュの説をしっかりと受け入れている。

わたしたちにとって存在するとは感じること、われわれの感性は疑いもなく知性よりも先に存在するのであって、わたしたちは観念よりも先に感情をもったのだ。このように語るルソーはさらに、書簡形式をとる小説『新エロイーズ』のなかで、ジュリーをして、わたしは理性の中によりも本能の中に多くの確信をもっている、と語らせている。その意味するところは、わたしの理性が誤った方向に行くような場合も、わたしの内において鼓舞する秘密の衝動、すなわち、感情がそれを修正してくれる、ということにある。したがって誤った判断を示す理性は良心を考慮に入れることによってのみ、正され得る。こうして、倫理的確証を基準にするルソーにとり、知が情の下位におかれることは必然となる。

人間の奥深い内面、つまり、人間の自然は、神の意図が人間の良心に結びつき、秩序への愛を表わす意味で、ルソーの確固不動の公準であった。そして、この点がルソーの展開する自由意志論を、「哲学者たち」の知的自由意志論から区別する特徴でもある。

感情の人はエリートの知識人よりも、より深く広い影響を及ぼす。主知主義は本質的に貴族的であるが、主情主義は民主的である。あらゆる人は感情をもつ存在だからである。

したがって、主情主義は貴族主義的な専制者の意思(知)に従うことではない。そうではなく、感情、いいかえれば、祖国愛である心情に従うことを意味している。この祖国愛は市民の心情に刻まれた一般意志そのものだからである。

ルソーは、心情である祖国愛を一般意志のあらわれとみて、政治制度のなかに人間の感情を組み入れることが可能になる、と考えた。かれはこれを、「社会性の意識」の教化、と呼んだ。

そして、この〝教化〟の必要性が、ルソー思想の核である宗教の重要性をきわだたせる主要な根拠ともなっているのである。「祖国」の善き特性を明らかにするためには、善き特性である祖国愛に感動し、その特性に溶け込む人性を「教育」によって陶冶しなければならない、という文脈につながっていくことになる。

6　自然人は未開人ではない

ルソーは当代の市民社会を最も厳しく告発した思想家として知られている。そこから、ルソーにラディカル（急進的）な革命の提唱者としての姿をみる人も多い。たしかに、かれが表明した思想の基になる論理には革命的な部分をみることができる。

だが、かれは「無政府主義」という思想を創始したミハイル・バクーニンのような無政府主義者ではなかった。ルソーは無政府主義、無秩序、反社会的なるものに対して激しい挑戦を行った〝秩序〟の思想家なのである。このことは見落とされがちであるが、きわめて重要な点である。

ルソーの論敵はかれの〝自然〟を無政府、無秩序とみなした。これに対するルソーの反応は、「なんということを言うのか？　社会を打ち壊してしまい、所有権をなくし、森へ帰って熊と生活しなければならないのか？　これはわたしの敵どもの論法であるが、わたしは……この結論に先手を打ちたいのである」というものであった。

ルソーによれば、論敵である「哲学者たち」は、かれのいう自然人を未開人と誤解している。すでに市民社会のなかで生活している当代の人々を、原始的で孤立した生活へつれ戻そうとする試みは、社会的絆《きずな》を破壊し、人間を果てしのない無秩序へ引きいれてしまう。そのような人間に自由はあるだろうか。否である。

自由は賢者によってのみ、受け入れることのできる度の強いアルコールのようなものである。そこで、自由にふさわしくない人々に自由を提示すれば、かれらは見かけのうえでの自由を追い求めることになるだけである。その自由とは支配者からの指示を失った隷属の自由にすぎない。これが未開人の自由なのである。

さらにいえば、未開状態に戻ることは不可能であるばかりでなく、好ましいことでもない。森の中にはいり、原始的で孤立した未開人は、その内面に持つ良き本性を発展させることができない。それというのも、未開人は人間の特徴たる理性と良心とが眠ったままになっている存在だからである。ルソーが司教のボーモン猊下《げいか》への手紙で述べたように、「比較しようともせず、ものごとの様々な関係を知ろうとしない人間にあっては、良心は無なのである。このような条件の下では、人は他者を憎みも、愛しもしない。かれらは、自然的な本能しかもたない。かれらは動物なのだ」ということになる。

このように、ルソーは、自然人を未開人と区別する。かれは、自然は人間に有徳で幸福な存在となるに必要な一切の力を与えており、究極的には、わたしたちが神について知ることができるすべてのものを示してくれている、と考える。ところが、たとえば教会側は、『エミール』の内容が神の恩寵《おんちょう》に関するキリスト教の教義を否定しているとして、この書を攻撃した。しかし、教会のいうキリスト教の教義（カトリック）に対抗してルソーがだしてきた自然教育こそ、原罪を捨て、自然の善性を確信するルソー教育思想の出発点であった。

7 〝自然〟の消極教育

人間の心のなかには原初の悪は存在しない。また、外部から入りこんでくるとみられる悪も存在しない。したがって、悪に関するすべての問題は、悪の入口を閉じてしまうという単純な手法によって解決できるであろう。もし、悪が入りこむ入口が閉じられるならば、自然の調和が自ずからあらわれるであろう。そのとき外的な世界から入る唯一のものは〝善〟だけであるにちがいない。こうして、学習者エミールの徳と幸福とが高められ、自らの心の内に黄金時代の生活をもつことになるのである。

このような文脈にそって考えてくると、エミールに見る初期教育は、純粋で消極的なものになるはずである。その目的は、エミールを誤りや愚かさから護ることにある。そこで教師の役割は、エミールの内面にある自然を促し、かれをとりまく環境の欠陥を補うことにある。ルソーはいう、「あなたがた教師は自然につかえる者であることをいつも念頭におくがいい。決して自然の敵になってはならない」と。

「自然につかえ」「自然の敵にならない」教師とは、自ら消極的な徳を実践する人にほかならない。そのような教師が生徒に対して持つ格律は、「善を行え」ということよりも、「悪を行うな」というところにある。子どもにふさわしい唯一の道徳上の教訓、そしてあらゆる年齢の人にとってもっとも重要な教訓、それはだれにも決して害を与えないということである。

良いことをせよ、という教訓でさえ、「悪を行うな」という教訓に従うことでなければ、「危険で、まちがった、矛盾した」教えになる。この点に関するルソーの認識は次のようなものである。

「どんな人にしろ良いことをしない人があろうか、すべての人は良いことをしている。悪人とても同様だ、悪人は百人の気の毒な人の犠牲において一人の人を幸福にしているのだ、そういうことからわたしたちのあらゆる災難がうまれてくる」。それゆえ、教師の仕事は、この警句を理解し、生徒自身の内にある性向を尊重しながら、生徒を見守るところにある。

8　人間への依存から事物への依存へ

人間には本来、物事を判断するための能力が潜在的に存在する。ただ、この能力は他の能力と同様、啓発されなければ眠ったままの状態にとどまる。判断力は、既存の価値観に毒されてさえいなければ、習性に引きずられることはないはずである。今日、かれらがなしていることは、明日の先例にはならない。かれらは先例によって影響されることはない。だから、かれらの最初の〝独立〟は事物からの独立ということになる。そして、独立に際してかれらが従う唯一の権威といえば、それは、必然の権威である。

ルソーは人間にとって二つの種類の依存状態があることをあげながら次のように述べている。すなわち、「依存状態のひとつは事物への依存であり、これは自然にもとづくものである。もうひとつは人間への依存で、これは社会にもとづいている。事物への依存はなんら道徳性をもたないのであって、自由をさまたげることなく、悪をうみだすことはない。これに対して、人間への依存は無秩序なものとしてあらゆる悪をうみだし、これによって支配者と奴隷は互いに相手を堕落させる」と。この点をもう少し読みといてみよう。

そもそも、当代における悪は、他者の意見を受け入れることを通じてわれわれのところへやってきた（「人間への依存」）。この場合の意見とは、すでに当代の価値観によって垢《あか》にまみれた偏見のことである。こうした偏見の広範な悪影響はもっぱら書物からもたらされたものである。

したがって、書物は初期教育においてはいかなる役割も演じてはならない。教師は一切のことを指揮してはならない。また、書物から生徒を遠ざけることは、生徒から見せかけの権威をできるだけ遠ざけるうえで大切なこととされる。

それでは、見せかけではない真の権威はどのようにしてうちたてられるのだろうか。それは約束という行為のうちにある。約束を履行することは、生徒の行動の自由に制限を課すことになる。教師が生徒と約束（契約）を結ぼうとするとき、生徒は自らの自由が制限される可能性を予見するため、自らのことを自らの頭で考えざるを得なくなる。この意味で、約束を結ぶさいのイニシアティブは生徒にある。

いったん約束が結ばれると、生徒にはこれを守ることによって得られる明白な利益を与えられる必要がある。そうすることによって、もし生徒が約束を破った場合、生徒自身が受ける罰は教師の恣意《しい》からではなく、約束という事物の自然的秩序によるものであることを生徒は理解することになる。また、これは生徒の側からすれば、教師が必然に従うべきことを教えてくれることによって、自分を自由な存在にしてくれた、と教師への感謝の気持ちをもって、いずれいわしめることになるにちがいない重要な契機でもある。

生徒は、真の権威がもたらす必然という〝自然〟の束縛に耐えることができるようになる。〝自然〟への服従は人間であることの証《あか》しであり、だから、〝自然の学問〟は道理ある断念を生徒に教えこんでくれる。「ほしいものがもらえないときでも、むらのない、おちついた子供にすることができる。人間の本性は事物からくる必然にはじっと耐えることができるが、他人の悪意に対してはがまんできない」ものなのである。

このように、人間への依存ではなく、事物への依存を教えこむことが、消極教育を提唱するルソー教育の特色である。

9　能力と欲求の均衡

消極教育の期間を通じて教師のはたす役割はどのようなものでなければならないのだろうか。ひとことでいえば、生徒に対する教師の介在は制限されなければならない。ルソーは言う、「それにしても、自然から生まれる傾向を臆見《おくけん》から生まれる傾向と区別することにしよう。物知りと思われたいという欲望だけにもとづいている知識欲もあるし、……自然の好奇心から生まれる知識欲もある。快適な生活に対する生来の欲望と、この欲望を十分にみたすことのできないことは、たえず人間に快適な生活に役立つ新たな手段を求めさせる。……だから、わたしたちの最初の研究からその好みが人間にとって自然でないような知識は捨ててしまうことにしよう。そして、本能がわたしたちに求めさせる知識だけにかぎることにしよう」。

このような目的にかなうのは、繰り返し述べてきたように、消極教育によってのみである。生徒エミールはただ自然的な形而下《けいじか》の知識をもつだけである。消極教育のおかげで、エミールは事物に対する人間の基本的な関係は知っているが、人間対人間の倫理的な関係については何も知らない段階にある。

この段階にあるエミールに対して教師が担うべき責務は、エミールが学ばなければならないことを提案することではなく、エミール自身が望み、求め、発見することができるように、正しい欲求を目覚めさせ、その欲求を満足させる手段を明示することにある。正しい欲求とは、生徒の恒久的な幸福への欲求である。そして、その幸福がどこにあるかをかれに知らしめる手段の明示が教師の責務である。

そして、生徒が恒久的に幸福であるためにはかれの欲求が能力と均衡していなければならない。欲求と能力とが均衡するとき、人間としての義務が意味をもつからである。つまり、エミールの能力に従って、エミール自らを統制することができるようなもろもろの観念をかれの内面におこさせること、そのことによって、エミールを自律した存在にすることが教師の役割である。

エミールを、自然が植えつけてくれた良き本性をもつ存在にするためには、生徒が理解できない抽象的主題に関する研究に時間を消費させてはならない。それよりもエミールは、身体を動かし、自己の周囲にある身近な世界に関する知識を獲得することが、まず先決である。

こうして、エミールは自己との関係において、自分をとりまく世界を認識するようになる。この段階では、エミールにとって抽象的知識はなんの意味ももたない。かれは形而上の学問や道徳について何も知らないし、関心ももたない。

つまり、それは何であるか、ということよりも、なんの役に立つか、が重要になっている。科学的知識をもたないエミールは、自らが宇宙の中心に存し、自らにとって有用であるか否かが、すべての判断基準である。いわば、権威、慣習、服従に対する理解はいまだできていない。いいかえれば、人を差別することがない。エミールは自らの必要性のために、科学アカデミーの会員を偉い人たちと思うよりも、ロンバール街のささやかなキャンディ屋を大切な人と考えるのである。

こうして、生徒エミールが幼少期を終え、少年期初期から一五歳の終わりに達する頃までには、かれを〝人間にするための〟第一段階である消極教育は終了する。かれの本性そのものは今や充分に発達させられてきたはずである。それは、エミールが受けた純粋で無道徳な訓練によって、自己愛が利己的で虚栄にみちた利己心に堕落することから免れているからである。

エミールは次いで、人間世界のなかにおける自己の位置をみいだすために教育されなければならないことになる。かれはいつまでも社会の外にふみとどまることはできない。

10　宗教教育への道

前節においてみてきたように、教育された生徒エミールが抱く自己愛は、〝社会性の意識〟をそれ自体のなかに含んでおり、したがって、自己中心的で利己的な愛ではない。元来、誰にとっても自己保存は正当な欲求である。それは、〝正しい理性〟、あるいは、〝自然の道徳〟と密接に結びついている。この〝正しい理性〟が、わたしたちをして、他者に対する思いやりを抱かせるものである。自己の幸福に対する欲求、そして、他者の幸福に対する欲求は、ともに同じように吹きこまれた自然の本能なのである。

いいかえれば、他者の幸福に対する欲求は、自己の幸福に対する欲求から自然にでてくるものといえる。自己の幸福に対する欲求が、利己的な欲におぼれず、神聖に保たれるならば、他者の幸福に対する欲求も自然につき従ってくる。

この点、これまで事物にしたがう教育をほどこされてきたエミールは幸運であった。エミールの自己愛は、消極教育のゆえに、神聖に保たれ、利己心に堕落させられることがなかったからである。こうしたことから、エミールは他者との関係から生じる道徳的問題を扱うための非常に強い立場に置かれているといえるのである。

エミールはここで、今までいた、「他者から孤立した世界」を抜けでて、「人間」の世界に入っていくことになる。

すなわち、エミールを人間にするための第二段階は、第一段階の領域から抜けでた道徳的秩序の段階である。この段階では、自己愛の第二の要素である憐れみの情という本性を発達させることにある。

生徒エミールを自然の本性に従う存在につくりあげた第一段階の教育の次には、他者への思いやりをもつ感性豊かな存在にすること、つまり、感情を基としながら理性を完成することが教育において残された課題となる。

自然の秩序にしたがうエミールの心に触れる最初の感情は、人間の悲惨な光景によって心のなかにかきたてられる憐れみの情である。憐れみの情こそは、「自己保存」の欲求とともに、人間精神の最初の働きである。この憐れみの情とは、苦しむ者の位置に自らを置いてみる感情であり、他者の幸福を願う感情である。

また、憐れみの情は個々人のうちにある自己中心的な精神の活動を中和し、種全体の相互保存に協力する自然的感情でもある。したがって、憐れみの情は、人間が法律、習俗、道徳と常に関係づけられる際に最も基本的なものとなる感情である。

〝愛〟という能力を開拓されたエミールは他者の感情を考えることをつうじて、人間性に関する観念を発達させることになる。その観念は、〝愛〟を介在させて、エミールを他者の立場に自分の身を置くことを教えるものである。自己愛と共にある〝他者への愛〟を自らのうちに確立したとき、エミールは〝人間性〟に合致した道徳をもつ社会的存在になる。けだし、〝人間性〟とは〝他者への愛〟にほかならないが、この良心と理性の厳粛な産物である〝人間主義〟の宗教は、感じやすい本性が陥りがちである弱点からエミールを救うことになる。

11　感受性をそだてる

良心の最初の動きは心情からやってくる。「自然の最初の動きは常に正しい」のである。たしかに、善悪に関する人間の感情は愛憎という原始的感情から生じてくる。

しかし、理性を用いるとともに人は秩序を「知る」ようになった。しかも、人は「知る」だけではなく、良心によって秩序を「愛する」ようになった。こうして、エミールは、「良心と理性によってかれの心情の底に書かれている」永遠の自然法を発見することになる。

これまで宗教から遠ざけられていたエミールはここにようやく神を知るための教育をほどこされることになる。この神を知る手順もこれまでのアプローチと同様に、教義を教え込まれたり、書物から学ぶことによってなされてはならない。それは生徒の感覚をとおして、また、かれの良心の作用をとおして身につけられるべきものである。

こうして『エミール』では、自然の秩序にそくした教育段階が幼児期〇～五歳頃、少年期五～一五歳頃、青年期一五～二五歳頃というように分けられることになる。このうち、道徳、理性を基礎とする宗教教育は青年期一五歳以降に行われるべきものとされるのである。

さて、ルソーがサヴォワ助任司祭に語らしめている宗教観念は、きわめて個人主義的、汎神《はんしん》論的なニュアンスをもっている。実際、宗教は純粋に私的なことがらであり、「私」と神との間の二者だけのものである。人間と神(God)との間の対話は、個々人と神(Diety)との間の直接的なものである。その間には世俗的な権威、あるいは教会や寺院といった、世俗的な組織が介在する余地はない。トマス・ペインも言うように、「わたし自身の精神がわたし自身の教会」なのである。

ルソーは、自然の理性(「正しい理性」)と自然の感情のみが、神への道を指し示す、と感じた。この二つはともに自然主義の教義と呼ばれるべきものであるが、これらがわれわれに完璧さと、唯一の救済手段とを与えてくれるのである。この点において、ルソーの宗教観は、カトリック教会のそれと相入れなかった。

なお、カトリック教会に反対の立場をとり、独自の宗教観をうちたてたルソーではあったが、かれは無神論には強く反対した。かれはたしかに、感覚論と唯物論から思想上の影響を受けた。しかし、ルソーは感覚主義者にも唯物論者にもならなかった。それは、かれが物質界の調和と秩序は、至高の英知(神)が存在していることの証であることを堅く信じていたことによる。

この点でドイツの哲学者、カッシーラ氏が、ルソーを単に一八世紀の悟性文化に対置される「感情」という新福音書の告知者とみるならば、そこにある対立の深みを正しくとらえたことにはならない、と指摘した点は実に意義深いことといえよう。それというのも、このような、あいまいな意味に解された「感情」では一つの単なる標語となってしまって、ルソーの哲学的問題提起の独自性、真の創造性を指示するにはとうてい不充分と考えられるからである。

ルソーにあっては「自然」の秩序が「摂理」の秩序と「理性」の秩序とに等置されており、このことが不確かで移ろいやすい興奮にゆだねられてはならない恒常不変の規範とみなされている。徳のパトス(情熱)をルソーは常に保持し、感情のいかなる襲撃に対しても、かれはこのパトスを堅持していた。ルソーの「多感性」はこのようにしてはじめて、その特性を獲得し、また、歴史的影響力をもったと理解されるのである。

12　自然の法則

神によって造られた自然界の美しさ、自然の恩恵、良心の声、これらは造物主（神）の偉大さと正しさとを証明している。したがって、人間の真の自由は、造物主の〝法〟へ服従するところにこそ、ある。ルソーによれば、そうすることがわたしたちにとって必然の法則であり、われわれが造物主（神）への〝法〟へ服する時に感じる幸福は、造物主の愛を一身に受けることでもある。

良心に従うことは、造物主の要求を満たすことである。自己の内部を見つめること、自己の心情をたいせつにすることは導きの御手を発見することである。神はわたしたちの義務が何であるかをわたしたちに語るが、この点をサヴォワ助任司祭は「わたしはいたるところでそのみわざによって神をみとめる。わたし自身の内に神を感じる。どちらをみてもわたしのまわりには神が見える。しかし神をそれ自身においてながめようとすると、それはどこにいるのか、それはどういうものか、その実体はなにかを知ろうとすると、神はわたしから去って行き、わたしの精神は混乱して、もう何もみとめられない」と語るのである。

神は存在する。神は正しい。神は良心を通じて、個々の人間に直接的に語りかける。このことを抜きにして、エミールに語られる信仰は何もない。

こうしてエミールは、あらゆる誘惑に抗する自然人として、社会のなかにその位置を占める。かれの内にある自然的善という資質は発達させせられた。かれは仲間の利害や情念に雷同したり、引きずられたりすることはない。かれはかれ自身の目をもって見、かれ自身の心情で感じ、かれ自身の良心と理性以外、かれにおおいかかる権威を認めない。これがエミールの宗教、すなわち、自然宗教なのである。

ここでもわれわれはルソーの自然宗教が「秩序への愛」そのものであることを理解することになる。そして、エミールは「自己愛」を強固にするためにも、より一層、〝秩序への愛〟を深めていくことになる。それは自己を創造主のなかに同化することによって、至高の存在者の観照がエミールに約束している幸福を享受するためである。このようにみてくると、ルソーの思想史上に占める位置は、ポスト・キリスト教ストア派であることが理解できるのである。それはルソーが従来のストア派と異なり、不死の魂という観念のなかに、古代の道徳原則を付け加えたことによっている。

13　求めてやまなかった自由

かくして、エミールの生きる共同体はストア派のいう〝自由な社会〟そのものとなる。「人間による統治」を「事物の管理」におきかえることにより、無垢に代わって徳がもたらされるにちがいない。このような共同体は、社会契約を結ぶ主権者(エミール、およびエミールのように教育された人々)によって構成され、常に正しい一般意志は唯一の道徳的な法を構成する。

このように形成された社会においては、人々の一般意志は正しい理性のみに従うことになる。ルソーはいう、「人間の不平はどこから生まれたか？　それは自らの利益だけを考える利己心から生まれたのだ。その利己心は人々に向って腹を立てていたあとで、こんどは理性に反抗していたのだ」。

このような事態を避けるためには、「比較せず、わたしが自分にとって善なるものであるということだけで満足しよう。このとき利己心は、ふたたびわたし自身に対する愛(自己愛)となって、自然の秩序に復帰し、世論の束縛からわたしを解放してくれ」るにちがいない。

「わたし」がこの世に存在することの喜びは、「わたし」が万物の体系のなかに溶けこみ、自然全体と同化するときに現われる。これが人間の自由といわれるものである。したがって、ルソーが「人間の自由というものはその欲するところを行うことにあるなどと考えたことは決してない。それは欲しないことは決して行わないことにあると考えていたし、それこそわたしが求めてやまなかった自由、しばしばまもりとおした自由」と述べたことも、ゆえなきことではなかったのである。

こうして、幼児期から一五歳までの〝消極教育〟を終えたエミールが、以後、宗教教育を修めて以降は、良心は正しい理性の結果と常に一致するにちがいない。ルソーはこのことについて、一致する「だろう」とは言わずに、一致するに「ちがいない」と言っていることは注目しなければならない。フランスの政治哲学者、ジュヴネル氏も指摘するように、これが魂の欲望、秩序への愛、良心、そして自然と理性の調和という、〝人間の自然〟に関するルソーの「科学的な」教育理論なのである。

コラム　妻　テレーズ

ルソーは二九歳のとき、ヴァランス夫人と別れパリに出てきたが、それから三年後の三二歳のときテレーズ・ルヴァスールと知り合った。かれの妻となる女性で当時二二歳だった。ルソーは初めてかの女と出会ったときの印象を、「しとやかな態度と、それ以上に、そのいきいきとした眼ざしに打たれた」といっている。

テレーズの父親はオルレアン造幣局の役人だったが、かの女が一五歳のときに亡くなり、母親は針仕事などの商売をしていた。ルソーによれば、テレーズはかれと同様に、「内気な性格」で、かの女とのつき合いは、「最初はほんのなぐさみ」のつもりだったが、結局、生涯をともにした。

テレーズは、字はどうにか書けたが、読むことは満足にできなかった。だが、ルソーは、自らが災難にみまわれたようなときには、[*] ルソー自身が見えないことを見ぬいて、最良の助言をあたえてくれたり、かれが盲目的に落ちこみかかっている危険から救ってくれたりと、かの女がすぐれた助言者になってくれた、と言っている。

晩年の妻、テレーズ

『社会契約論』、『エミール』を執筆していたころ、夕食後などに、テレーズから「聖書を読んで聞かせてほしい」とせがまれることもあった。そこで、ルソーが読んで聞かせると、テレーズは、感動的な場面では、深く感じ入った表情を見せていた、という。

ルソーとテレーズは共通の気質をもって、新たな政治像、教育像を描くという目標に向かって結びついていたのであろう。

ルソーは、「さまざまな事件にあいながらも、可能なかぎり幸福に暮らせたのは、かの女のおかげであった」と記し、テレーズは晩年、ルソーについて、「聖者のようでした」と語っている。

＊『社会契約論』、『エミール』は、ルソーに幸運をもたらすどころか、「無茶で、ふまじめで、不信心で……あらゆる政府を破壊する傾向がある」として焼かれ、ルソー自身も迫害を受けることになった。「災難」とは、主として、このことを指している。

第七章　自由の原理

1　市民的自由、道徳的自由

約束は義務を発生させる。約束の時間に遅れたりすると、相手に迷惑がおよぶ。いったん口にだして約束したことは守らなければならない。約束を守ることは人と人との間の信頼関係の基礎となる契約である。

契約を結ぶと、人は、したい放題のことはできなくなる。わがままができなくなる。わがままも自由のひとつとみてみると、自由が制限されることになる。「わがままという自由」は、個人にとって都合の良い「自由」ではあっても、社会生活を営む市民という立場からみると、各人がしたい放題のことをするだけの無秩序でしかない。ルソーは、この「わがままの自由」を「自然的自由」と名づけて、契約に基づく「市民的自由」とは区別した。

『社会契約論』の第一編第八章、「社会状態について」の中につぎの一文がある。

「社会契約によって人間が失うもの、それはかれらの自然的自由と、かれらの気をひき、しかもかれらが手に入れることのできる一切についての無制限の権利。人間が獲得するもの、それは市民的自由とかれらの持っているもの一切についての所有権。」

契約することによってわたしたちは、したい放題のことをしたり、手に入れたいだけのものを好きなだけ所有する、といった「自然的自由」や「無制限の権利(所有権)」は、失う。したがって、契約などしないほうが、好き勝手に生きられるように思えてもくる。

しかし、契約のない社会は、秩序のない状態である。そのような所で人は永続的に生存することはできない。

そこで、お互いに、したい放題の好き勝手はしない、という契約を結ぶ。そうすることによって、わたしたちは「市民的自由」と、これにともなう正当な「所有権」をもつことができることになる。

ルソーは続けて、次のようにいう。「このうめあわせについて、間違った判断を下さぬためには、個々人の力以外に制限を持たぬ自然的自由を、一般意志によって制約されている市民の自由からはっきり区別することが必要だ。さらに、最初にとったものの権利あるいは暴力の結果にほかならぬ占有を、法律上の権原なくしては成り立ちえない所有権から区別することが必要だ」。

暴力に依拠する「自然的自由」や「無制限の権利（所有権）」は、公益を約束してくれる「市民的自由」や「法に依る権利（所有権）」に置きかえられなければならない。ここから、ルソーはさらに続けて、次のようにいう。

「以上のものの上にさらに、わたしたちは、人間をして自らのまことの主人たらしめる唯一のもの、すなわち道徳的自由をも、人間が社会状態において獲得するものの中に、加えることができよう。なぜならば、たんなる欲望の衝動はドレイ状態であり、自ら課した法律に従うことは自由の境界であるからだ」

社会契約にもとづく「市民的自由」と「法に依る権利（所有権）」を手に入れることにより、さらに、人間の証しである「道徳的自由」をも獲得することにより、人は、「自然的自由」と「無制限の権利（所有権）」といった、欲望の衝動（ドレイ状態）から解放されることになる。

2　自らの意見を大切にする

ところで、ルソーの政治理論においては、いま述べてきた「無制限の権利」、「暴力の結果としての占有」などを意味する自然的自由と無制限の所有とは、市民的自由と道徳的自由を得る前提として、便宜的に想定されているにすぎない。

真のテーマは、市民的自由、道徳的自由を実現するために必要な社会契約を結ばせるための規範を明確にすることにある。

その規範とは、国家は国民の「自由な同意」の結果としてうちたてられるべきである、というところにある。これが契約の根本である。そのうえで、ルソーのいう契約上の「自由な同意」は、いくつかの特殊性を持っている。

まず、それは、絶対的で、契約に参加する者に対して不正を行うことのできないようなものとして想定されていることである。その結果、契約をしたもの同士は互いにしっかりと連携し、契約したメンバーは相互に、誰にも従うことのないものとなる。「各人は自己をすべての人に与えて、しかも誰にも自己を与えない」ということになる。「すべての人にとって条件は等しい」わけである。

そのような同意なり、契約があってはじめて、「結合行為は、直ちに各契約者の特殊な自己に代って、一つの精神的で集合的な団体をつくり出す」。そして、この「精神的で集合的な団体」は、共同の利益を目指す一般意志を通じて動くことになる。いうまでもなく、ここでいう「精神的で集合的な団体」とは国家のことであり、「一般意志」とは、法のことである。

このように、「一般意志は、つねに正しく、つねに公の利益を目指す」ことになるのだが、ここに問題がひとつある。それは、一般意志を具体化するための市民の決議がつねに正しいとは限らないということである。「人はつねに自分の幸福をのぞむものだが、つねに幸福を見分けることができるわけではない。市民は、腐敗させられることは決してないが、時には欺《あざむ》かれることがある」のである。

たしかに、市民は、自らの幸福をつねに望むし、つねに正当な権利・義務を享受したいと願っている。けれども、その市民が自らの幸福をつねに識別できるとは限らないし、ときにはだまされることもある。

そこで、曇りのない正しい市民の声を反映させるためには、「それぞれの市民が自分自身の意見だけをいうことが重要」になる。

ここで、想いおこす必要があるのは、一般意志のみを追求する時に、市民は祖国への愛と自由を獲得することができるという命題である。市民の自発性を保証するのは、かれらの一般意志への服従であり、社会契約に対する無条件の信頼だからである。くり返すが、一般意志(公益)に従うこと、そして、社会契約に無条件の信頼を置くこと、この二つが市民的自由と道徳的自由とを得るためには絶対に欠くことができないものなのである。

とりわけ、社会契約を空虚な法規としないためには、社会契約はなんびとにせよ一般意志に従うことを拒むものは団体全体によってそれに服従するように強制されるという約束を、暗黙のうちに含むことになる。そして、この約束だけがここから派生する他の約束に効力を与えることができるのである。

3 「自由への強制」ということの真意

ルソーのみならず、かれの先達である、マキァヴェリ、ホッブズ、ロックらは、人間の本能を深く、鋭く見すえた思想家であった。かれらの到達した結論はいろいろに分析されようが、まちがいなく共通していることは、「人間はわがまま」だという認識である。

自分のしたい放題のことはしたい。しかし、自分の身や財産をそこなうことのないように、秩序はあってほしい。まことに都合のいい話である。けれども、それが人間なのであろう。

ルソー自身は、金銭や地位にてんたんとした人物であったが、自分のおかれた静寂をやぶられたくない、という想いを強く抱いた人物であった。つまり、ロマン主義思想の提唱者として、ルソーは個人の独立の喪失を悔やまずにはいられないのだが、政治思想家として、モラリストとして、かれはそのような「喪失」が避けることのできないことであることも知っている。

そこで、『社会契約論』で描かれたように、市民が公共の利益のためには最大限の努力を行うことと、『孤独な散歩者の夢想』においてみられる、個人の孤独や瞑想《めいそう》、また、空間を守りたいというプライヴァシーへの欲求との間のディレンマを解決する手立てが、「一般意志にしたがうことによって、市民は自由であるように強制される」ということにつながることになる。

自由とは、人がしたい放題のことをするところにあるのではない。それは「欲しないこと」、あるいは、「行うべきでないこと」を行わないところにある自由なのである。

このような自由を享受できるようになるためには、「欲しないことは行なわない」という個人的信念に基づく自由のかわりに、「欲しないことは行なえない」という社会的規律としての自由、つまり市民的自由、道徳的自由に置き代えられなければならない。人は、このようにしてのみ、自己の所属する社会にとって善なる存在でありうるわけである。

つまり、「自由であるように強制される」という意味は、市民が共同体の中において、善なる存在としてしか、また、自由な存在としてしか、存在の仕様がないように置かれるということである。

4　ロックの自由観との違い

いままでみてきたルソーの自由の原理は、『市民政府論』の著者であるジョン・ロックの考え方、たとえば、身体の自由、思想の自由等々に「分割された」自由の理念とは明らかに異なっている。

ロックの「分割された自由」によれば、自由とは各人の経済的活動、およびその利益を保護するための一手段にすぎないものになる。それは私益追求の社会観に依存する「制限された」自由である。

そして、これはこれで近代以降、今日に至るまで、世界に大きな影響を及ぼしてきている。

けれども、ルソーにとっての自由は、これとは明らかに異なっている。それはかれの述べる自由が、私益を公益に合致させようとする公共精神をその根底にもっているからである。公共精神にかかわる問題を、なぜ、「分割」した形で、しかも、他人の手の内に預けてまかすことができようか？　有名な、直接民主政への賛美と、代議制につきまとう欠陥に対するあの有名な批判がここに現われる。

「人民がみずから承認したものでない法律は、すべて無効であり、断じて法律ではない。イギリスの人民は自由だと思っているが、それは大まちがいだ。かれらが自由なのは、議員を選挙する間だけのことで議員が選ばれるやいなや、イギリス人民は奴隷となり無に帰してしまう」

5　自由の選択

ルソーは勤勉で遵法《じゅんぽう》精神に富む市民の心の内に、自己の生活防衛のために慎重と従順とを余儀なくさせられている精神、そしてまた、自分たちの統治者を怒らせることに恐怖を抱いている屈従の精神を見いだしていた。

市民は、支配者からにらまれないようにするために、あらゆるものを犠牲にしようとする強い理由を持っている。市民は、自らの内に将来への期待と展望を持つことができるのは、支配者の機嫌を損ねない限りにおいて可能になることを誰よりも良く知っているのである。このことから、市民は、支配者の不正に対しても、沈黙してしまうことになる。自己実現をはかるという自らの自由よりも、支配者から保護されることを優先してしまうのである。

そして、いったん自由が放棄されるや、人は、専制政治から生じる圧制を、自分たちにとって必要な規律と間違えてしまう。それに、専制政治は、決して単純な過程を経てもたらされるものではない。それは、公益を攻撃して進むことはない。むしろ、公益をまもるかのように見せかけて、多くの市民をふるいたたせる。その実、公益の真の擁護者を攻撃し、脅すのである。

このようにして、専制政治への道は開かれ、確立してしまう。

専制政治が確立していくこうした過程を熟知していたルソーは、自由というものが、おとなしくしてさえいれば、自動的にもたらされるものとは考えなかった。それどころか、人はもし自由を待ち続けるだけであったり、自由実現の第一歩であるとみなされている人民の暴動が、統制を欠いた社会に必然的にもたらされるものという程度にしか考えられていないとするならば、革命すらも自由をもたらさないであろうというのがルソーの認識であった。

偶然に発生するこのような少数のエリートや支配層の作成した法によって導かれる革命は、ある集団から他の集団へと権力を移動させるにすぎない。それは、自由で民主的な共同体をつくりだすものでは、決してない。

要するに、「欺《あざむ》かれた」市民は欺かれたままに取り残されてしまう。かれらはいっそう、ドレイ状態へ押し込められてしまう。「ひとたび服従になれた市民は、もはや主君がなくてはやってゆけません。束縛をふるい落とそうとすれば、かれらはますます自由から遠ざかります。自由とは反対の勝手気ままを自由と取り違えるからです。こうして、かれらの革命はほとんど常にかれらの鎖を重くするにすぎない扇動家にかれらを手渡すことになるからであります」

だいじなことは、あくまで市民自らの主体的意志である。自由のための革命があらゆる革命のうちで最も困難であると言われる理由がここにある。

そして、自由の実現が困難であるのは、その実現を阻《はば》もうとする政治的条件があるからでもある。そこで、この政治的条件を突破するためには、市民に祖国愛を教え込む教育と、偏見を払いのけようとする意志が結びつかなければならない。必要なことを理解する個人の能力と、自分の内にある新たな理念を保持することのできる意志である。

このような条件があるならば、市民は、「自らに課した法律に従うこと」ができよう。ルソーの唱道する自由は、このように快楽や休息を排除しても、なお自由を得ようとするために自らの意志を固める人にふさわしい自由なのである。

こうして見てくると、人は市民的自由、道徳的自由を獲得するために重大な決意を迫られるということが理解できる。それは嵐のような自由か、「幸福な」ドレイかの選択である。この時にあたって、自由とは安楽ではなく闘争を、また平和ではなく剣をもたらすものであることを認識し、かつ、「ただに自由であるばかりでなく、自由であるだけの値打ちがある」にふさわしい市民は、「実力と忍耐とをもって武装し、ある有徳な知事がポーランドの議会でいった言葉をその生涯を通じて、毎日こころの底から叫ばねばならぬ。『わたしは奴隷の平和よりも危険な自由を選ぶ』。

コラム　ロベスピエールとナポレオン、そしてゲーテ

一七八九年にパリ市民によるバスティーユ牢獄への襲撃が引き金になって始まったフランス革命は、その後のわずか一〇年間に、フランスの歴史に名を残す多くの人物を輩出した。その数は、革命以前の三〇〇年間に現れた人物の数に匹敵するほどといわれる。

なかでも、マクシミリアン・ロベスピエール(一七五八～一七九四年)と、ナポレオン・ボナパルト(一七六九～一八二一年)は、最も知られた人物である。

フランス北部アルトワ州のアラス出身で弁護士だったロベスピエールは、幼いときからその境遇がルソーに似ていたこともあり、ルソーを熱烈に崇拝した。革命のさなか、権力の絶頂期に「最高存在の祭典」を催したことなどは、ルソー思想の影響によるものといわれる。

ロベスピエールは、革命初期にジャコバン＝モニターニュ派を率い、執政政府の統領(現在の大統領職)に就いた。公安委員会、保安委員会などを掌握したかれは、反革命の人物や政敵だけでなく、国王ルイ一六世(一七五四～九三年)と王妃のマリー・アントワネット(一七五五～九三年)をも処刑台に送った。しかし、かれが権力の絶頂にあった期間は一年余りにすぎず、一七九四年七月九日に起きたテルミドールのクー・デターでかれ自身、反対勢力によって捕らわれ、自ら定めた法律によって処刑された。

当時、革命が進行しているさなかでも、〝カネ〟もうけに狂奔する〝政治屋〟が少なくなかった。だが、ロベスピエールは清廉な人物で、賄賂は一切、受けとらず、日々、革命に一身を捧げた。政治を金もうけの手段には決してすることのなかったかれにとって「わが師ルソー、不滅のジャン・ジャック」は、人生の指針だったのであろう。

ロベスピエールは、恐怖政治を行った独裁者というイメージをもってながく語られてきたが、近年は、反革命の徒や多くの政敵に囲まれたなかで革命を進めていかなければならなかったことから、かれの政治手法はやむをえなかったとして、一定の評価がなされている。

ロベスピエール亡きあと、急速に台頭したのがナポレオンである。かれはいまでも、フランスの歴史上、最も人気の高い人物である。いうまでもなく、ナポレオンはもともとは軍人であり、ロベスピエールの実弟と知り合いだった関係から、一時、ロベスピエールの部下として革命の推進に協力して、働いていたこともあった。

ロベスピエール

青年時代にその眼差しがルソーに似ているといわれたナポレオンは、若いときからルソーの熱心な愛読者だった。かれはコトに臨んでは大胆であったが、反面、軍人のイメージからは思いもよらないほどに繊細な気質の人物であった。

ついでながら紹介すると、ナポレオンが深く尊敬した古代ローマ帝国の軍人であり政治家だったユリウス・カエサル（ジュリアス・シーザー、B・C一〇〇〜B・C四四年）も、古代ギリシャの伝記作家プルタークの『対比列伝』によれば、きわめてデリケートな一面をもっていたという。

ナポレオンがルソーの著作を愛読したことについては、かれの繊細な気質が、ルソーとどこか相通じるところがあったからかもしれない。

ところで、ナポレオンが、青年時代に、ドイツの文豪ゲーテ（一七四九～一八三二年）の『若きウェルテルの悩み』を愛読したことはよく知られている。かれの言によれば、壮年になってからもこの作品を繰り返し読んだ、という。

ナポレオンは後年、フランス皇帝になりゲーテと会見したおり、『若きウェルテルの悩み』の評をゲーテに語ったが、その内容の的確さにゲーテが感嘆したというエピソードはあまりにも有名である。

そして、そのゲーテもまた、「ヴォルテールとともに近世が終わり、ルソーとともに近代が始まる」と述べるほど、ルソーから大きな影響を受けていた。かれの代表的な叙事詩『ヘルマンとドロテーア』には、自然の感情、神への帰依、他者への思いやり、など、いたるところに、ルソーの思想の影響を見てとることができるのである。

第八章　祖国愛の形成

1　世界はひとつ？

二〇世紀は戦争の世紀といわれた。そして今、二一世紀に入って、八つの国々が核兵器を保有するなか、世界のあちこちで戦争や内戦が繰り広げられている。しかし、そうした一方で、人々は「平和」への模索を続けている。

「平和」は今日、どんな人にとっても切実な願いである。賢明な共存に向けた方策が、今ほどすべての国々に求められているときはない。

さて、宗教戦争が絶え間なく続いた西欧では、近世から近代にかけて、いかにすれば「平和」がもたらされるかが重要なテーマであった。その答えのひとつが、「世界主義」(コスモポリタニスム)という考え方であった。

世界はひとつであり、そこに生きる人間に国境はない、わたしたち一人ひとりは「世界市民」なのだ、という考え方である。

「世界主義」、「世界市民」という考え方は、ヨーロッパでは古くからあった。一七世紀のフランスでも、人文学者で『テレマークの冒険』の作者として知られるフェヌロンが世界主義という考えを展開していた。少年時代のルソーはこの物語を熱心に読んでいる。

そして、一八世紀のフランスを代表する、ルソーと同時代の啓蒙思想家ヴォルテールもまた、「世界主義」という考え方を繰り返し表明していた。

ところがルソーは、フェヌロンの著作を愛読はしたものの、この「世界主義」に対しては、青年時代から深い疑いを抱いていた。その理由は、「世界主義」が勇気、規律、節制という、市民として必要な求心的な結合感情を弱め、失わせてしまうと考えたからである。

身近な人々と分かち合う、勇気、規律、節制は、市民にとって最も貴重な美徳である。

この点について、ルソーはフィロポリスへあてた手紙の中で次のように述べている。

「幸福とは祖国において、友愛の真っただ中で生きることができることをいうのです。祖国においては、老若男女は、共に等しく幸福であります。そこではヒューマニティ、歓待、親切、そしてゆるやかな社会的規律のもつあらゆる魅力が存在するのです。……人が生活の光景を有効に見ることができるのは、美徳のこうした偉大な劇場においてなのです。あらゆる人々が安らかで安全なところは、かれら自身の国においてなのであります」

国家という「緊密な社会」においてこそ、民衆同士の「心と心の交わり」がうまれてくる。そうした情景は、ルソーが幼かった頃の、過ぎし日の「祝祭日」の思い出に見ることができる。かれは、そこでかれら自身にふさわしい役割を演じている民衆の姿を、父と共に感激をもってながめている。

「父はわたしを抱きしめていたが、ふと体をふるわせた。わたしにはそんな気がしたのだ。するとわたしも体が震えてきた。《ジャン・ジャックよ》、と父はいった。《お前の故国を愛するのだ。あの善良なジュネーヴの人たちをみてごらん。みんな友達だ。みんな友人だ。喜びと和合がこの人たちの間に行きわたっているのだ。》」

ルソーにとって「祭」の光景に見られる「民衆の心の開放」、そして、民衆同士の友愛と和合の感情こそ、国家の「原型」である。したがって、祭の民衆と祖国の市民とは、かれの心の内において、重なり合うイメージとなっている。

2　市民の感情

人は、社会的偏見のない「自然状態」のなかで、ねたみも憎しみももたない「自然人」のままに生きていくことができれば、どんなにか幸福であろう。

だが、人間は「自然人」であり続けることはできない。法も政府もない危険なところで、生きていくことはできないからである。

現実に人々が安息と幸福とを獲得することができるのは、自然状態においてではなく、かれら自身の国家の中においてである。国家――それは自然人をいつまでも自然人にとどめておく自然状態ではない。それは、人びとを社会的存在にする社会状態である。

自然状態において「自然人」としてとどまりえた者も、社会状態においては、自然人とは異なる存在にならなければならなくなる。そうなると、人びとは、自然人とは異なる感情を育《はぐく》む必要がある。なぜなら、「社会状態にあって自然の感情の優越性をもちつづけようとする人は何を望んでいいかわからない」からである。

こうして、社会状態において、人は自然人ではなく、市民にならなければならないことになる。そうしなければ、人は「たえず矛盾した気持をいだいて、いつも自分の好みと義務との間を動揺して、けっして人間にも市民にもなれない。自分にとってもほかの人にとっても役に立つ人間になれない。それが現代の人間、フランス人、イギリス人、ブルジョワ」なのである。

それでは、純粋に自己保存の本能と、憐憫《れんびん》の情をもつ、自然状態に生きる自然人が、社会状態に生きる有徳な市民となるために必要な条件は何か。

それは、憐憫の情が行きわたる範囲を、祖国に限定することである。「人間性の感情は、全地上に広がるときは稀薄になり、弱くなるようであって、われわれはダッタンや日本の災害について、ヨーロッパの人民の災害ほどには、動かされることはあり得ないようである。利害や同情に活動性を与えるためには、何らかの方法でそれを限定し圧縮しなければならない」。

「限定」され、「圧縮」された市民の感情、それが「同胞への愛」であり、市民の「祖国愛」となる。

3　祖国愛と「排他性」

一七六三年四月三〇日付のユステリへの手紙の中でルソーは次のように書いている。

「愛国的な精神はわたしたちにわたしたちの同胞市民以外の他のすべての人を外国人と、またほとんど敵とみなしてしまう排他的な精神なのです」

また、故国ジュネーヴの国会で禁書にされた『エミール』においても同様の趣旨のことが次のように述べられている。

「愛国者はみな外国人にたいして苛酷である。愛国者から見れば、かれらは何者でもない。これはさけがたい不都合だが、たいしたことではない。かんじんなことは一緒に暮らしている人々に対して親切にすることだ。……書物の中で遠大な義務を説きながら、身のまわりにいる人にたいする義務を怠るような世界主義者を警戒するがいい」

ここで指摘された世界主義者とは、ヴォルテールをはじめとする「哲学者たち」のことであるが、以上の二つの文から、ルソーの「祖国愛」が、市民相互の緊密な連帯および団結から生じる結合感情を指していることは明らかである。また、それが同胞市民以外の人たちに対して排他的な感情になるということも明らかであろう。

かれは「祖国愛」につきまとう「排他性」の問題について、それはさけがたい不都合だが「たいしたことではない」と言い切っている。そこには祖国愛の再生によって、まず理想の国家をつくることを優先しなければならない、とするかれのなみなみならぬ熱意を感じとることができる。

この点、ルソーは「甘い」ロマンティストではないし、まして机上の論をもてあそぶ人ではない。かれによれば、自らの祖国をつくりあげようとする市民が、同胞以外の人々をしりぞけようとする最大の要因は、自己と同胞の相互の保存をはかろうとする「自己愛」のゆえなのである。そして、市民にとっての祖国とは、この自他相互の保存のための「自己愛」を消滅させない程度にせばめられたものということになる。

ルソーは、すべての市民が「十分に統治されうる程度の社会」、「各人がその仕事を充分に仕遂げることができるので、何びとも自己の負わされた職務を他の人々に委任するには及ばないような」国家を理想と考えている。そのような国家では、「個々の人々がみなたがいに識り合っているので、ひそかに行われる悪事も、地味な徳行も、すべて公衆の視線と審判とを免れえないような国家」である。「このたがいに見、たがいに識るという気持のよい習慣が、祖国愛を土地に対する愛よりもむしろ市民に対する愛にするような国家」こそ、「祖国」であるからだ。

4　祖国愛と国家主義は違う

けれども他方、自らを他と比較することによって、自然人の自己愛が狭く閉鎖的な感情である利己心に堕落するように、祖国愛もまた、他国との競争において、「政治体」の利己心である国家主義に変質して行く危険性を絶えずはらんでいる。

たしかに、利己心に基礎を置く国家主義は好ましくないばかりか、危険でもある。ルソーは、国家主義にみられる「外国人の排他」を否定し、祖国愛においてみられる「排他」とは全く異なるものとしている。

なぜなら国家主義においては、市民の同胞に対する愛が欠けているので、外国人ばかりか、祖国を形成しようとする同胞をも排斥するからである。ルソーも述べているように「一人の市民の救済は、国家全体の救済よりも、共同利益として」決して劣るものではない。

そこで、ルソーが強調したことは、フランス人、イギリス人、そしてポーランド人がそれぞれにふさわしい「祖国」を持つために「祖国愛」に燃えよ、ということになる。その際、かれは、市民の「祖国愛」は、純粋に市民、および、共同体の自由と独立とにのみかかわっているとしている。つまり、祖国愛とは、自由、正義などの市民的徳を維持、養成するために不可欠なものなのである。したがって、祖国愛に見られる排他性という特質は、個人の尊厳を否定する国家主義にひそむ排他性とは全く異なるわけである。

5　世界の多様化

こうして、ルソーは、愛国的な熱情の根源を破壊する世界主義の代りに、市民を祖国に結びつけるための祖国愛を強調した。

しかしながら、今日においてもこうした議論に対する誤解があるようである。

それは、外国人への排他性をもって、ルソーの思想を国家主義のそれと誤解する見方である。こうした誤解に対するルソーの答えは、世界主義には、自らの社会や国家に対する愛着、熱情、名誉心を生み出すものが欠けているということにある。たしかに、現在においても明らかなことは、世界主義の行き着く先が、世界機構、国際機構であるということは周知のところである。

そして、この点についていえば、一七世紀後半のフランスで『法の精神』を著したモンテスキューも、一八世紀のイギリスの思想家D・ヒュームも、そして、ドイツの哲学者I・カントも、これらの機構を、「世界政府」として認めるようなことはしなかった。

その理由は、「世界の多様化」ということにある。言語、宗教、思想、生活様式などにおいて、民族、国家の間に相違があること、このことこそ、創造性の源とかれらは考えているのである。無論、互いの民族、国家を破壊しないという大きな前提があることはいうまでもない。

そこで、たとえば、カントは、世界平和のための機構として、現在の国際連合につながるような機構を提唱したのである。だが、国際連合は国家ではないし、政府でもない。それは、あくまでも機構である。

このように、ルソーをはじめ、モンテスキュー、ヒューム、カントといった近代の思想家は、機構ではなく、国民国家を基礎とした「世界の多様化」に大きな価値を見いだしている。

したがって、ルソーが、世界主義を唱える当時のキリスト教会や「哲学者たち」を厳しく批判したことは当然のことであった。

ルソーその人はいつも、自身がジュネーヴ共和国の市民であることを忘れたことのない人であった。「理想の共和国」に生き、そして死にたいと念願してきたかれは、ある時は「農村的ユートピア」に、またある時は「徳の共和国」に生きたいとの思いをもっている。

しかもルソーは、かれの生きるべき現実の国家がたとえこれら「二つのユートピア」に見いだせる理念を欠いているとしても、祖国なき「世界市民」になろうとはしていない。

「ああ、エミール、自分の国に負い目を感じない有徳な人間がどこにいるだろう。それがどんな国だろうと、人間にとってなによりも大切なもの、その行動に道徳性と美徳に対する愛を、かれらはその国から受けているのだ」

『社会契約論』の最終章で述べているように、ルソーは国際社会の平和と繁栄に強い関心を示していた。だが、国際社会のなかでもろもろの国家がいまだ政治的権利の基礎のうえに、充分に築かれていない現状では、「祖国愛」に燃える有徳な市民をつくりあげ、かれらの生きる国家を真の祖国にすることこそ、急務と考えたのである。

「祖国は自由なくして、自由は徳なくして、徳は市民なくして、存立することはできない」

ルソーが、そのなかに、他国への侵略、破壊という危険性をみながらも、あえて市民の「祖国愛」を強調した理由はここにあったのである。

コラム　ルソーと明治時代の政治家

わが国にルソーの名を伝えたのは、幕末にオランダに留学し、帰国後、明治新政府の法整備に尽力した津田真道らである。明治維新の二年前、一八六六年のときである。

その後、一八七三(明治六)年に、森有礼(初代文相)、福沢諭吉らが結成した、わが国最初の学術団体、明六社の「明六雑誌」によって、ルソーの名は広められた。

だが、かれの政治・社会思想が世に広く喧伝《けんでん》されるのは、一八八〇(明治一三)年に自由民権運動が国会開設運動のかたちをとって、大きな昂揚《こうよう》を示したころからである。

一八七四(明治七)年、わが国最初の政党である愛国公党を創立した板垣退助・監修になる『自由党史』はそのなかで、「フランス学派自由主義」を盛んにした人物として西園寺公望(元首相)と中江兆民(篤介)の果たした役割について書いている。このうち、中江兆民は当時、教育界に支配的であった功利主義、実学主義の教育方針にあきたらず、国民の道徳維持に力を注いだ。そして、そのために儒教的徳育である仁義礼智を根幹とする方針を強調した。その兆民が一八七四(明治七)年に翻訳したのが『民約訳解』(『社会契約論』)である。

この訳本が出版されたのは、それから六年後の一八八〇(明治一三)年であり、それ以前に、別の人物による翻訳が出版されていた。また、『民約訳解』出版後も、さらに別の人物による翻訳がいくつか出版されてもいる。

だが、兆民訳が原著の読みの深さにおいて、また、民権論者の心に訴えるだけの的確さにおいて、他の訳書よりもはるかにすぐれていた。当時から、兆民訳以外はすべて駄訳といわれていたほどであった。兆民が「東洋のルソー」といわれるゆえんである。

兆民訳『民約訳解』を今読むと、社会的自由を「人義之自由」と訳出し、自然を「天理」、あるいは「天然之自然」と訳すなど、政治的概念をどのような日本語に置きかえるかで、兆民の苦労した様子が伝わってくる。また、当時のわが国は、国民のあいだに「君臣の道」が浸透していたときでもあり、「革命的民主主義者、ルソー」の著作を翻訳・出版することはいろいろと苦労が絶えなかったことと思われる。

ところで、日本政治思想の研究者として著名な故・橋川文三氏は、兆民をとおしてわが国に伝わったルソーの政治思想の系譜について興味深い指摘をしている。

橋川氏によると、兆民は郷土の先輩、坂本龍馬（一八三六～一八六七年）をいたく尊敬していたが、その理由として、龍馬のなかに、どこかルソーの唱えた「平等思想」や「自然の感情」を見いだしていたのではないか、という。

中江兆民

そして、龍馬が信頼していたのは西郷隆盛（一八二七～七七年）である。その西郷もまた「敬天愛人」（天を敬い、人を愛す）の実践者として、ルソーの思想に一脈も二脈もつうじるといってよいような人物である。

さらに、龍馬も西郷も、質実をモットーとし、国家独立のために働いた政治家であった。そこで維新後に、もし龍馬、西郷が政権を担当していたならば、わが国の民主主義も、今あるものとはもう少しちがった質と内容をおびるものになっていたかもしれない、と橋川氏は述べている。

歴史の現実は、龍馬、西郷が斃《たお》れ、大久保利通(一八三〇〜七八年)、伊藤博文(一八四一〜一九〇九年)が政権を担った。そして、かれらによって採り入れられ指導されたプロシア(ドイツ)流中央集権体制の絶対主義国家が、一九四五(昭和二〇)年八月一五日の敗戦まで続くことになる。

第九章　国家の特質

1　心のなかの理想国家

『新エロイーズ』、『孤独な散歩者の夢想』を著したルソーは、近代ロマン主義を開いた人物として知られる。だが、かれは、ひとり夢想のロマンに浸りつつも、もうひとつのかれの特徴である優れた現実認識力を持つ人物であった。

ルソーの心は、理想の市民、理想の国家を想うとき、陶酔《とうすい》の境地に入る。かれは、美しい湖や森に囲まれながら、〝天の国〟を心に感じている。

同時に、かれは自らの周囲にあるものを、自らの眼をもってありのままに見ようとする。

ルソーは、「ルソーが見るように」ものごとを見ること、すなわち、自らが自らの眼と心とをもってものごとを見ることを、人々にめざめさせてくれた人物である。

それは、次のような、ルソー自身の自我像のなかに、はっきりと見ることができる。

「わたし、ひとり。わたしはわたしの心を感じている。そして人々を知っている。わたしは自分の見た人々の誰ともおなじようには作られていない。現在のいかなる人ともおなじように作られていないとあえて信じている。わたしの方がすぐれてはいないにしても、少なくとも別の人間である」

このようなルソーにとって、理想の市民や国家について、〝心情をもって〟考えることが課題になる。

2　家族のアナロジー

ルソーが『社会契約論』の着想を得たのは、二八歳(一七四〇年)のとき、ヴェネチアに滞在していたときであった。『社会契約論』の公刊はルソー五〇歳のときであったから、完成までに二十年余を要したことになる。

だが、かれは『社会契約論』として執筆する以前に、三〇歳代初め頃から親交のあった「哲学者たち」の計画した『百科全書』に、『政治経済論』という政治論をすでに書いていた。

この『政治経済論』を見てみると、その最初の部分は明らかに、ジョン・ロックの『市民政府論』に触発された内容となっている。そして、その論理展開の方法と内容は、当時は、ほとんど注意を引かなかった哲学的急進主義者のそれにきわめて近いものであった。そのひとつが、国家を家族に例えるアナロジー（類比、比較）である。

『政治経済論』によれば、自然な社会は唯一、家庭だけである。これ以外の一切のものは、人間相互の合意に基づいて作られている。しかも自然につくられる家庭でさえ、単なる偶然の所産にすぎない。なぜなら、子供に及ぶ父親、母親の権力は、子供が自立するときになると不要になるからである。したがって、あらゆる人間は自然の法則によって平等であり、人間的自由が与えられていることになる。

「子供と親の両者に共通のこの自由は人間の本性の結果である。人間の最初のおきては自己保存をはかることであり、その第一の配慮は自分自身に対する配慮である。そして人間は理性の年齢に達するやいなや、かれ（かの女）のみが自己保存に適当ないろいろな手段の判定者となるから、そのことによって自分自身の主人となる」

父母の下でしたい放題のことをする子供の自然的自由は、子供の成長とともに、かれらの幸福を確保するために、親によって放棄されることになる。ここからわかることは、家庭の親と、国家の首長との間には、真のアナロジーは存在しないということである。

それというのも、自然な制度である家庭においては、親の権威は、かれらが子供に行使する制裁を自然なものにしている。家族全員に及ぼされる親の権力は家族の幸福にとって重要であり、子供に対する親の自然の愛は、権力が子供を傷つけるために用いられることはない、ということが前提になっている。

一方、子供たちは、親から受け取るもの以外になんらの物質的な利益を持たない。父母の利害は子供たちのそれと一致している。むろん、子供たちに対する父母の権力は、その性質上、子供の生や死の権利にまで及ぶものではないが、それが子供たちの特殊利益に基礎を置いていることはたしかである。

3　国家の利益をめざす

ところが、家族とは異なり、国家は自然によってではなく、人々の同意によってつくられた共同体である。それは、保護者としての親と、守られるべき子から成る家庭とは全く種類を異にしており、あらゆる自然的平等を前提とする構成員、すなわち、国民から成り立つものである。そこでは、人々を平等におき、かれらの安全を確保するための法を確立することが、人々の同意事項になるわけである。

そもそも、国家の首長は、子供に対する親の配慮と同様のことを、国民に対して行うことはできない。国家はあくまで国民の安全を保障し、財産を守るために建設されるものだからである。したがって、国家の主権は、共同の利益を実現すること以外にはなんらの目的も持たない。

これが国家の特質である。だから、この論を推し進めていくと、国民に対してしかるべき責任を果たさない政府は、国民から拒否されて当然ということになる。

つまり、親の権力は子に対する自然的制裁を含むものであるが、首長の権力は社会から首長に与えられた信託である。

それゆえに、親の権力、とりわけ、父権を国家の首長の権限と同一に論じたロバート・フィルマーの論説『パトリアーカ』（『族父論』）は、父権に基礎づけられた王権神授《おうけんしんじゅ》の非論理的な体系として、ジョン・ロックの『市民政府論』によって論破されることになったのである。

ジョン・ロック

もっとも、すべての国民が自然的に平等である国家の場合でも、政治権力はその成立に関する限り、特定の人物・集団による恣意《しい》的な企図によって握られた、と推定される。したがって、こうした恣意を排した国家を創るためには、契約に依るしかない。役人は法に依らずしては、他人に命令することができない、そういう国家の樹立が必要になる。

また、もし、官職が世襲されるようならば、国民は子供に擬《ぎ》せられるであろう。その場合、政府の形態がどのようなものであれ、世襲された政府が無責任であった場合、国民は、政府の役人の恣意のままに放置される可能性がある。そのような役人は、国民を犠牲にして、自らの私益を増やそうとする。しかも、役人の私的な利益は、ほとんど、公益に反しているものである。だから、官職をより公正なものとするためには、世襲をやめることが必要になる。それは、たとえ選挙の形式をふまえていても、実態としての世襲は禁止することが必要になるわけである。

4　国家は精神的存在

ルソーは、国家について、それは全体の生命にとって重要な機能を満たすあらゆる部分から成り立つ人間の身体に似ている、という。

「主権は頭をあらわす。法律と慣習は脳髄である。それは神経の根源であり、悟性、意志、および感覚の中枢である。判事や法官は、その機関である。商業、工業および農業は、口および胃であって、全体の生存を準備する。公財政は血液であり、賢明な経済は、心臓の役目をしながら、血液を送り、身体全部に栄養と生命を行き渡らせる。市民は、身体であり手足であって、身体の機関を動かし、生かし、働かせる」

人間の身心に類似した政治体(国家)は、一つの意志をもつ精神的存在である。〝一つの意志〟とは、常に全体および各部分の保存と幸福を目指し、法律の根源となる〃一般意志〃をいう。

一般意志は、個々人の私利である特殊意志や、私利の寄せ集めにすぎない全体意志とは全く異なる。

そこでもし、国家のそれぞれの部分が調和しながら機能することを止めれば、身体の健康が損なわれると同様に、国家は機能不全を起こし、ついには消え去ってしまう。このような事態を招かないようにするためには、国家の内的結合力を強めなければならないわけである。

そのためには、国家のあらゆる機関と、国民の活動は、一般意志に従わなければならないことになる。


「自然人は……、自分にたいして、あるいは自分と同等のものにたいし関係をもつだけである。これに対して、社会人（市民）は分母によって価値がきまる分子にすぎない。その価値は社会という全体との関連において決まる」


ということは、一般意志は国民の間、および国民と国家との間において正と不正とを分ける際の基準となるものでもある。

したがって、政治体（国家）の意志である一般意志は、その正当性を自然の法、すなわち、普遍的な理性の法に置くことはできない、ということでもある。

この点について、ルソーは言っている。

「一般意志は正しいのだが、それは自国民の間においてであって、外国人に対しては必ずしもそうではない。なぜなら、国家の意志はその国民にとっては一般的だが、外国やその国民にとっては特殊的、個別的な意志となり、自然の法則のなかに自己の正義の規則を持つからである」

ここから、前節の「祖国愛の形成」においてみたように、「祖国愛」につきまとう排他性の論理が導かれ、国際社会の多様化ということが意味をもつことになるのである。

コラム　ツルニチニチ草の思い出

夢多きときではあったものの、落ち着く場の定まらない少年時代を過ごしたルソーにとって、〃母〃であり、いっときは愛人でもあったヴァランス夫人は、忘れることのできない恩人であった。

ルソーが二四〜五歳のころ、ヴァランス夫人とともにシャンベリからレ・シャルメットにでかけたある日、夫人が通りすがりにあった生垣に青い花をみつけ、「あら、ツルニチニチ草がまだ咲いているわ」と叫んだ。

それから三〇年後、ルソーが、友人と歩いていたおり、道端に、ふと、ツルニチニチ草をみつけた。その瞬間ルソーは、「あら、ツルニチニチ草がまだ咲いているわ」と言って、花に見いった三〇歳代半ばの、若かりし頃の夫人の声、姿が眼前にほうふつとして浮かんだという。

植物に見入る晩年のルソー

戦後、ヌーベル・クリティックという分析手法でルソー研究に新たな地平をひらいたジャン・スタロバンスキー氏が、『ルソー、透明と障害』という名著（一九五七年）のなかで、ルソーがことのほか植物を愛し、植物がルソーにとって、過去を美しく、また、なつかしく思いださせる「符牒」（記号）の意味を持っている、と分析している。

また、わが国では、中川久定　京都大学名誉教授が「ツルニチニチ草」のエピソードを引き、ルソーの感じ方を「意識の二重化作用」として分析している。

中川氏は、「過去の思い出」について、「ツルニチニチ草の思い出」のような受けとめ方をする人は、今日では珍しくない、としたうえで、しかし、ルソー以前にこういう回想の書き方をした人はいなかったこと、ルソーは文学史上で、自分の魂の連続性を描き出したおそらく初めての人物である、と述べている。

そして、中川氏も述べるように、ルソーの著作(とりわけ『告白』)を読む人は、この「意識の二重化作用」が生み出した美しい場面に、いたるところで出会うことができるのである。

第一〇章　人民の声は神の声

1　権利は平等に行きわたる

政府の目的は国民を幸福にすることにある。仮に、政府が専横な法をつくり、それを正当化しようとしても、そうした試みは無益である。なぜなら、専横な支配というものは、暴力以外にはその基礎を持つことができないからである。

「力はなんらの正当さもつくりださない」。だから、政治的権威を正当化しようとするならば、わたしたちは、力以外のものを見つけなければならない。それが、社会契約であった。

社会契約は個々人の間で結ばれるのではない。また、それは集団の間で結ばれるのでもない。

その理由は、各人は自分をすっかり与える(譲渡する)のであるから、すべての人にとって条件は等しい。また、すべての人にとって条件が等しいからには、誰も他人の条件を侵害することはできない。

個々人の権利に対して、「完璧な」譲渡がなされず、ほんのわずかな留保があっても、そのことによって、個々人は状況次第で自分自身の「判断」をさしはさんでしまうことになる。そうなれば、実態としては契約が無効とされたことと等しいことになり、無秩序と無政府が続くことになる。

仮に個々人が自らの判断を行わないとしても、他者の判断がそれにとって代わってしまう。「他者の判断」もまた、平等を打ちこわし、「他者」が専制者になるきっかけを与えることになる。

このように、権利を譲渡するに際しては、わずかな留保があったとしても、そのことによって、社会契約の意義は失われ、新たな専制政治にとって代わられる危険がある。

この点で想起すべきは、ルソーが、ドレイを、他者の意志にしたがうもの、と述べていることである。しかし同時に、かれは、自己を共同体へ全面的に譲渡することは他者の意志にしたがうこととはちがう、という。「全体」に自己を与え、しかも、誰にも自己を与えないからである。

つまり、すべてが同じ条件に服するのであるから、主人はいない。各自は相互に他を必要とするので、「かれらが失うものと、かれらがもつものとを保護するところの等しいもの」を誰もが得ることになる。このような、各人にとって誤りなきものへの服従が、道徳的義務といわれるものである。

そして、唯一の誤りなき導き手は、全体の善を創り、一人ひとりの幸福を保障しようとする機関、すなわち、共同体の意志にほかならない。この意志は、いかなる〝部分〟にも害を与えないのと同様に、個々人の意志にも、害を与えない。それは、共同体に自らを従わせようとする成員の間の同意によって結ばれるからである。個々人は自らと契約し、団体も組織体の自己と契約するということになる。

個人はすべて、自己自身と契約するのであるから、支配者と被支配者との間の不平等をつくりだすことはない。個人は支配者であり、同時に、被支配者である。支配者を主権者とし、被支配者を臣民と置きかえれば、主権者と臣民はひとつである。

同様に、共同体のなかのすべての成員は主権者であり、同時に、臣民であり、政治的参加者として、平等のなかにある自己を見いだす。社会契約はこうして、同胞というアイデンティティ(帰属感)のみをつくりだす契機となる。

臣民の間の平等、主権者と臣民の同一化、を設定するには、個々人の力を社会契約の条件の下で譲渡する必要がある。この譲渡は、これまでみてきたように、なんら留保のない完全なものでなければ意味がない。

2　主権は絶対的なもの

社会契約は主権と密接な関りを持つ。主権は政治的権威の究極的な源である。この点、ルソーは先人のホッブズやスピノザの見解に従っている。

ホッブズ、スピノザにとって、主権は社会契約によって生みだされた共同体である国家が、その安定と強さを確立するために必要と考えられたものである。

これら先人の所説を慎重に吟味したルソーは、共同体の構成員である市民の自由は「共同体の権威」によって保障されなければならないと考えた。この「共同体の権威」が、市民を抑圧する圧制の具とならないようにするためには、この権威をあくまでも、共同体という組織体のなかに置かなければならない。

つまり、主権は、それを市民から成る共同体に置かなければならない。この場合、共同体とは、単なる一つの集合体とか、個々人の集まりを意味していない。それは、すべての市民によって共有されている権利と義務を含む「共同体」である。

そのような性質を含む「共同体」は、自由な市民によって創られ、その結果、自らの意志を持つ道徳的な存在となる。これが、市民にとっての主権国家、すなわち、神聖なる「祖国」である。このように、主権は個々の市民を超えた絶対的なものでなければならない。仮に市民の誰かが利己的な力をもって国民を抑圧するようなとき、その利己的な力から他の市民を守るために、主権には絶対性が与えられていなければならないのである。

したがって、主権はそれ自体よりも高い法や力を認めることはできない。主権は法と力の源なのである。「組織体、あるいは、人民をしばる基本法のようなものは存在しないし、たとえそれが社会契約であってもそのようなものは、存在することはできない」のである。

3　主権は分割も譲渡もできない

主権を以上のように絶対的なものと考えるルソーは、しかしながら、ここでも、ロックとは異なる見解を展開することになる。

ひとつは主権を分割しえないものと見なしている点である。主権は常に全体としての人民に属さなければならない。もし、主権が分割されうるものならば、共同体の基礎が破壊されることになるだろうということである。

もうひとつは、この論理から導かれる帰結として、主権は譲渡できない、としている点である。人民が主権を譲渡しうる唯一の方法は、かれらの共同体を分解し、自然状態に復帰すること、すなわち、国家が国家であることをやめるときだけである。

主権のこのような絶対性、そして、分割できないとする不可分性、かつ譲渡できないという不譲渡性という前提があって、はじめて神聖な「祖国」は成り立ちうるということ、このことは同時に、主権が「祖国」と市民とを結びつける絆《きずな》であることを意味している。ここに、市民の「祖国」に対する権利と義務が、意味を持つものになる。

このように、主権は絶対、不可分、不譲渡という性質を持つが、しかし、それは専横なものではない。主権はそれ自身の本質的な特性によって限定されるものである。確かに、主権は最高権威・権力である。しかし、それは単なる物理的な力ではない。主権は、本質と効果において、社会的、公共的だからである。

したがって、主権は人民が持つ力を物理的に集めたものではない。それは共同体の構成員が、力を共同にしようとする意志にほかならない。だからこそ主権が目的とするのは公益の実現であり、共同体の保持にあるのである。

通常、人間がなんの理由もなく自らを傷つけるなどということがありえないように、主権が故意に自己破壊的なことをすることなどは、ありえない。

要は、主権は、公益の追求を通じて、人々の生きる社会をより良き方向へと向かわせる力、だということである。ルソーのこうした「主権」観は、かれの思想の核である「自然の善性」と表裏をなしているのである。

すなわち、主権は本質において、善なるものであり、また、善なるものでなければならない。このことは、主権が盲目的な衝動などではなく、「一般意志」の表明にほかならないことを意味しているわけである。

4 内なる自然の声は正しい

普通に考えると、一般意志は数の上での多数という形で認識されると理解されるであろう。また、『コルシカ憲法草案』のなかで、ルソーは、多数の決定がそれ自体、唯一の正当性をもつと主張しているようにもみえる。

しかし、かれは『政治経済論』のなかで、個人の意志、あるいは狭い集団の意志と、一般意志とを区別するためには、人は「最も崇高な徳」のみに従うことができる程度の賢明さをもつべきである、と言う。かれがこのように述べていることは、一般意志を人が認識することが、実はいかに困難であるかを示すものである。

実際、ルソーは、「一般意志に従うためには正しくあるということだけが必要だ」と述べている。「正しくある」ということは、「正しい理性」を維持としているということである。卑しむべき動機によって変質させられていない理性の働きが大事だ、ということである。

このように、正しく維持された理性が人間の内なる「自然の声」である。けれども、悪智恵《わるぢえ》を排除して、理性を正しく維持することは、決してたやすいことではない。したがって、一般意志は決して容易に見いだされるものではない。とりわけ、現代社会のなかでは、そうなのだ、ということをわたしたちは理解しておく必要があろう。

ルソーは『政治経済論』のなかで、国家とは異なる種類の団体の意志について考察している。いうまでもなく人々は皆、相互に利害関係にある。この利害は、人が生きていくうえでさし迫った内容を持つ。そこで、人は、自らの利益を大きくしようとして、自らが所属する団体、集団の離合集散を繰り返す。この団体なり集団は、それぞれに共通する特殊利害を持つ人々の数の多寡《たか》によって、その規模を変える。

団体なり、集団なりの目標は、これらに所属する構成員の利益を増大することにある。そうした団体や集団は、さらにその中に小さな無数の団体をつくることによって、人民相互の協力、交代、離反をくりかえしていく。

それぞれのこうした部分社会の構成員に関しては、たしかにその意志は一般的である。けれども、それはそれぞれの部分利益を増大させようとする方向に向かう。そのため、そうした部分社会の意志は、国家という大社会を犠牲にして一部の幸福を促進しようとする私的で特殊な意志にすぎない。

したがって、小さな部分社会の一般意志は、部分社会にとっての一般意志という点でいえばそれは善であるが、大社会である国家との関連でいえば、それは有害である。「敬虔な牧師であり、あるいは勇敢な兵士であり、熱心な貴族であっても、市民としては悪い市民というようなものがあり得る」のである。

このようなことを避けるためには、部分的な利益ではなく、全体の利益を求めさせるような方策が必要になる。

もっとも、現実は、残念ながら、人はこれとは反対のことを行いがちである。社会が部分的であればあるほど、また、目的が卑《いや》しければ卑しいほど、自己の利益のみを求める衝動は大きくなりがちだからである。

逆に、社会が全体利益に焦点を絞《しぼ》れば絞るほど、その意志は正しくなるに違いない。それゆえ、内にあるあらゆる部分社会を包含《ほうがん》する最も包括《ほうかつ》的な社会、すなわち国家の意志が最も一般的であり、正しいということになる。つまり、国家という最も包括的な社会にあらわれる「最も一般的な意志が、また常に最も正しいものであり、人民の声が真に神の声であることの動かしがたい証拠」を持つことになる。

5　部分社会と国家との合致

ところで、社会契約の条項に則《のつと》って、政治的に組織された政治体（国家）のみが、正当な社会ということになるとしても、ここにひとつの問題がある。

それは、人民の声が人民集会で必ずしも識別されるわけではないということである。いうまでもなく、人民集会における構成員の間には、それぞれの成員が属する小さな集団が存在する。そのため、人民集会での討議は、人々の幸福を増大させるよりは、むしろ、徒党間の闘争を激化させてしまう。

こうした状況は、全体を犠牲にして、小集団の特殊利益を優先し、決定してしまうであろう。全体の声の代わりに、特殊利益がまかりとおってしまうに違いない。これがアテナイの人民集会であった。ただ、アテナイの場合、救いは、少なくとも人民の利益に関心をもつ哲学者たちによって統治されていたことである。

このように、大社会である国家と、その内にある多くの小集団との間には、一種の亀裂が存在するのである。この亀裂を埋めるのは何か？　それが、集団の情念である祖国愛である。

ルソーによれば、人間が普遍的善を身につけたとすれば、かれらは、部分社会が主張する相対的善や部分的利益ではなく、それらを集合した全体的で絶対的な善を愛することができるようになるであろう、という。この、全体的で絶対的な善を愛する心が一般意志だからである。

一般意志が浸透した政治体(＝国家)において、部分社会の相対的善は国家の絶対的善と合致することになる。それは部分社会にとっても、全体社会にとっても、最も望ましいことになる。そこでは部分社会の私的利益が消えているからである。まことに、「一般意志に自らを従わせようとすることが、正しくあるためには必要」なのである。

そこでもし、このような国家があるとすれば、それは、そこに生きる市民が充分に成熟した立法者たるように教育された人々の生きる社会にほかならない。いいかえれば、同胞に対して共感できるエミールのような人物が生きる社会であろう。というのは、エミールは、自らの心の根源からわきでる公益への愛、すなわち、愛国心を持つからである。

6　人民の情念

ルソーは、一般意志の行きわたる共同体をつくるに際しては、人民の知的能力よりは、かれらの情念に期待しているようにみえる。実際、かれは、人民の知的能力を必要とする法への服従を主張しているにもかかわらず、人民の〝知〟にのみ頼ることはしていない。

人民の〝知〟に対する信頼度について、ルソーは必ずしも楽観していないのである。

この点で、ルソーの次のような考え方をみておくことは重要である。

「たしかに理性だけから発する一種の普遍的正義というものがある。しかしこの正義は、われわれの間に受け入れられるためには相互的でなければならない。ものごとを人間的に考察してみると、自然が制裁を加えてはくれないのだから、正義のおきては人間たちの間ではききめがない。それらは悪人の幸いと善人のわざわいをつくりだすにすぎない」

この一節で、ルソーは、理性と情念を兼ね備えた人間が、この対立する二つによって、惑《まど》いのなかにおちいることがしばしばあることを指摘している。たしかに、多くの普通の人間にとって、理性を働かせることは、情念に従うよりも困難である。実際、「合理主義者」たちは、人間の正しい理性はしばしば、情念によって曇らされてしまう、と説いてきた。

だが、ルソーはいわゆる「合理主義者」と称される人たちと異なり、理性と情念は截然《せつぜん》と分けることができない、と考えていた。そもそも合理主義者は、理性を情念よりも優れたものとして位置づけている。しかし、ルソーは、理性も情念の一種にすぎない、と考えていた。その証拠に、当代の社会が理性の産物というようにしては、道徳的にも法的にも、あまりに不完全な体制であることから明らかだ、というわけである。

いいかえれば、人間の理性は、自然(神)と調和しないゆがんだ社会体制をつくりあげてしまった。このことは、合理的にものごとを考えようとしてきたわれわれが、かえって真理から遠ざかってしまったことの証拠であろう。ルソーが指摘した、〝本能の腐敗〟とは、このことなのである。そこで、腐敗した本能を、腐敗していなかった原初の本能に変えなければならない。

原初の、腐敗していない本能こそが、真理への確実な導き手だからである。そうであれば、この本能こそ、理想国家を作り上げるうえで欠くことのできない一般意志の尽きぬ源泉と考えられる。

正義の法は制裁を必要とし、制裁は人間の約束のうちにある。なぜなら、市民相互の利益は尊重されなければならないからである。徳（利己心を公益に合致させようとする意志）の実践を最も深い喜びとする人は、同胞への愛と、公平・公正がそのための指針となるはずである。

要するに、法の執行に際しては、人間性の感情を斟酌《しんしゃく》しなければならない。こうした感情が強力である国家にして、はじめて正義の法は市民のなかに浸透するに違いない。

「公けの権威の最大の原動力は市民の心の中にあり、政府を支えるためには、良俗《りょうぞく》以外の何物もこれに代わり得るものはない」ということになる。

7　国民的感情

人は、正義と利益を「感じる」ことのできる市民になることによって、市民的自由、道徳的自由を得る。そして、そうした市民になるためには、「国家」は、そこに生きる市民の感情が互いに行きわたるほどの「小さ」さに限定されなければならない。

「人々が服従しながら、しかも誰も命令するものなく、奉仕しながら、しかも主人がなく、また表向きは服従していながら、他人の自由を害しうるということ以外は、何ものをも自分の自由をうちから失わないために、それだけ一層自由である」

功利主義を超え、市民相互の自然的慈愛を日々の生活に浸透させることができるならば、市民の心の内に、祖国への愛という、計り知ることのできない感情があらわれることになる。そこでは、利己的な個々人の悪しき感情は消え去るにちがいない。市民は、共同体のために考え、活動するよう鼓舞《こぶ》される。公共精神は維持され、強められ、市民は皆、一体となる。ここに徳が現われ、愛国心が行きわたる。

愛国心がつくりだす「徳の偉観《いかん》」の例を、ルソーはうむことなく、古代ギリシャや初期ローマの歴史から引きだしている。かれは、この点、古代の偉大さを賞賛し、愛国心の重要性を強調したマキァヴェリに同調している。

しかしそのうえで、かれは民主的で人道主義的な市民の感情を慈《いつく》しむ。そのため、侵略性を帯びるマキァヴェリの冷酷な国家観を、結局、受け入れることはなかった。この点について、ルソーの考える国家と個人との関係を、ジョン・ロックの国家観と比較して想いおこしてみよう。

ルソーは、ロックの考える国家が、国民の生命と財産をまもるための、便宜上の装置にすぎない、と考えた。したがって、ロックの考える国家は、国民にとって決して愛着の対象にはなりえない。

ルソーによれば、ロックの「国家観」は、公共精神を欠いている。そのような国家にあっては、国民の間に公的な意志は存在しないも同然である。その場合、国民にとっての善とは、個々のひとりひとりにとっての善にすぎず、集合体としての国民の善ではない。

これに対して、ルソーの「国家観」によれば、個人は国家のなかで自分だけの利益である特殊善を失う。道徳と法の真の源泉は、国家だからである。国民ひとりひとりは、道徳と法を国家に負っているという考え方である。

「自然状態から社会状態へのこの推移は、人間のうちにきわめて注目すべき変化をもたらす。人間の行為において、本能を正義によっておきかえ、これまで欠けていたところの道徳性を、その行動に与えるのである。その時になってはじめて、義務の声が肉体の衝動と交代し、権利が欲望と交代して、人間はその時までは自分のことだけ考えていたものだが、それまでと違った原理によって動き、自分の好みに聞く前に理性に相談しなければならなくなっていることに気がつく」

事実、人は多大な恩を国家に負っているので、よく統制された社会のなかで、自らを人間たらしめてくれたこの幸福を絶えず祝福するであろう。

一方、国家の恩恵はすべての国民に及ぼされる。国家の権力は、「国民の心情の奥底へと達するから」

である。そして、国家の指示への服従は、自らのうちに書かれた法への服従にほかならない。

この法への服従が、道徳的自由なのである。こうして、国家の良心は、ただ正当性にのみ依拠し、その意志は必然的に、正当な唯一の意志である一般意志に辿りつくことになるのである。むろん、この場合の国家と権力とは、いわゆる「国家主義」とはまったく異なるものであることは言うまでもない。

第一一章　立法者――国家の建設者

1　人民の導き手

古代のギリシャやローマにおいては、政治を道徳に結びつけて論じる数多くの思想家があらわれた。ソクラテスにはじまり、プラトン、アリストテレス、キケロなどは、その代表である。そして、ストア派の創始者・セネカも〝道徳の優越〟を唱えた人物であった。

セネカは、人類が悪徳に染まっていない無垢の時代には、道徳的に優れた人物を指導者に選んだに違いない、と考えた。だが、道徳の衰退が始まると、支配者の腐敗と専制が生じ、この悪をチェックする必要から、法が生まれた、とかれは説く。もっとも、法そのものも時の経過とともに、専制君主を擁護《ようご》する内容に変えられていくことになるのだが。

専制政治に当時、異議を唱えたのは、いわゆる、哲学者であり賢者であった。ただ、かれらは、政治権力を行使できる立場にはいなかった。かれらは支配者ではなく導き手であった。かれらの導きの内容は、大衆の欲求に合致していた。それゆえ、哲学者や賢者は、心ある有徳の人々の支持を得たのであった。

哲学者や有徳の人が国家の指導者になるべきだ、と説く「哲人支配」の思想は、政治と道徳とが結びつくことを願う人類の理想なのかもしれない。

こうして、新しい国家の建設者、あるいは再建者への熱望が、生まれてきたのである。国家の建設者、あるいは再建者は、人民の幸福を目的とする法をつくらなければならない。そして、そのような人物が、「立法者」である。

2　マキァヴェリとルソーの「立法者」

「立法者」とは人民の声に基礎を置くがゆえに、政治的な成功をおさめる価値がある、とセネカは考えた。このセネカのように、古代の思想家のなかには、「立法者」について、今日の民主主義の源になるような考えを持つ人が現れた。

立法者は歴史のごく初期においては、神聖な《天の仲介者》を任じて現れた。

しかし、中世を経て近世、そして近代になると、立法者についての考え方もさまざまなものに変化していった。すなわち、時代の進展と知識の増大とによって、立法者は理性的、道徳的な民族宗教、あるいは、市民宗教の制定者として現れる。立法者のこうした現れ方の変化は、ルソーの政治理論においては、「人への依存」から、「法への依存」への変化を意味している。この点、立法者は単に政治のリーダーという存在ではない。

近世ルネッサンス期のマキァヴェリは、火刑に処せられたサヴォナローラの運命から教訓を引きだし、立法者は武装されるべきであると考えた。これに対して、哲人支配の影響を受け入れ、社会契約の原則によって国家を基礎づけたルソーは、立法者が政治的リーダーにとどまる存在ではないということから、武装すべきではないと考えた。

マキァヴェリから多くを学んだルソーは、このようにマキァヴェリの見解と対立することもあったが、反面、同調者でもあった。それは、この両者が、社会の腐敗に心を痛め、その原因を、市民の徳の衰退にあるとした点で共通していたからである。

ただ、この二人が「市民の徳」として考えた意味には違いがあった。

まず、マキァヴェリにとって、「自然」とは〝現実〟を意味し、国家が関わるその〝現実〟とは領土の拡張と侵略にほかならなかった。かれは、国家はその本性上、領土拡張と侵略に走る、と考えた。それゆえ、市民の徳とは、第三者からみていかに不道徳なものであろうとも、国家の秩序や国民の幸福を促進するために必要なことをなすことにある。そこには、社会契約であるとか、平等や道徳への配慮はみられないばかりか、必要でさえない。唯一の必要性は、政府は政策を遂行することである。マキァヴェリの考えはこのようなものであった。

これに対して、ルソーは、古代ギリシャやローマで見られ、また、語られた道徳を棄て去ることができなかった。ルソーは、古代の道徳のうちに一般意志を見た。かれにとって、市民の徳は、国家に対する義務と、古代の道徳への帰依にほかならなかった。

マキァヴェリは当時のイタリアにおいて、腐敗は一部の連中の私的利益を助長しているにすぎない、と考えた。ルソーは、腐敗というものは国家全体に波及するものだということに深く思いをいたした。マキァヴェリとルソーはこのように、視角に違いがあった。だが、両者の動機は、民族自決を切望していた点で、共通していた。

3　立法者の資質

国家への義務を重要視したルソーによれば、市民への教育が望まれる理由のひとつは、市民を立法者にすることにある。全体の利益を損なう党派性の跋扈《ばっこ》は、少しばかりの改革によっては、払拭することはできない。人民は「決して腐敗されないが、しばしばあざむかれる」のである。

人民は常に正しいことをしようとする、しかし、無知と情念がしばしば人民を盲目にし、かれら自身の幸福とは逆の、有害な決定をおし進めてしまう。

一般意志は全人民に由来するという困難な仕事に関わるに際して、公益という目的から逸脱しない、純粋な心をいかにして保つことができるだろうか。また、老獪《ろうかい》な陰謀家の策から、いかにして自己の立場を守りとおすことができるだろうか。「一般意志は常に正しい、しかし、それらを導く判断は常に啓蒙されているわけではない」

人民と一般意志との関係がこのようなものであるとすれば、一般意志を人民が確認できるようになるためには、どのような方法が必要になるであろうか。

「個々人は幸福はわかるが、これをしりぞける。人民は幸福を欲するがこれをみとめえない。双方ともひとしく、導き手が必要なのである」

人民を啓蒙し、「あらゆる古いものをきれいにする」この仕事こそ、あらゆることを新たに始める立法者の任務というべきである。それが〝国家の建設者〟である。

ルソーは、『社会契約論』を公刊するかなり以前から、〝国家の建設者〟の必要性を認識していた。かれは、〝国家の建設者〟は、〝予言者〟としての役割を担うものとして、考えていた。〝国家の建設者〟の役割は、奴隷状態にある人々(=人為の人)が身につけてしまった悪徳を除去し、かれらに新しい世界を構築するように説き進めることにある。

そのような〝国家の建設者〟の資質は常人のそれではない。人々に法を与えるためには本来、神を必要とするはずなのである。

たしかに、衆に抜きんでた偉人が存在するなら、その人は立法者にふさわしい。

したがって、立法者は知的で精神的に強く、できることなら、全知全能であることが望まれる。立法者は当代の人間が陥った不幸の源を知らなければならないし、人々を幸福に導くためのヴィジョンを持たなければならない。つまり、立法者は次のような人でなければならない。

「人間の情熱について知り、しかもそれに動かされず、また、人間の性質を知り抜いていながら、そうしたものと何らかのつながりを持たず、自らの幸福と同様に他の人々の幸福のために心をくだき、最後に、時代の進歩のかなたに栄光を設定しながら、その栄光を達成するために自らをささげるような人」

このような人が立法者であるが、具体的には、ルソーが幼少期から愛読した、プルタークの『対比列伝』にでてくる公正無私の偉人、リュクルゴスやヌマであり、アゲシュラスであった。ルソーは故国、ジュネーヴの英雄、カルヴァンをも忘れてはいない。

4　革命家としての立法者

ところで、今日、立法府には、国会議員である統治者がいる。もっとも、今日の国会議員が統治者たる能力と意志をもっているかどうかは、保証の限りではない。

ルソーによれば、立法者と統治者とは異なる。両者の世界は違うものである。立法者は社会を創り、統治者は社会を支配する。前者は社会機構の建設者であり、後者は単にその付添人にすぎない。だから、社会機構の最初のメカニズムは、立法者から伝えられなければならないことになる。

立法者を待ち受ける仕事は、単なる意識改革でもなければ、ぐらついた社会機構を立て直すことでもない。その役割は、腐敗した社会制度を一掃するために、人々を鼓舞するところにある。また、統一・団結・平等を唱え、これらを人民が熱意を持って受け入れるように、決定することにある。

これこそは革命であるが、それは人間の心のラディカル(急進的)な変化によってのみ、達成されうる。つまり、統一・団結・平等を人々に教育することによって、人間の心を変え、かれらを新たな人間として創造する。これが、立法者が実践する革命の意味である。

このような企《くわだ》ては、物理的強制力をもってしてできることではない。それは軍事的独裁者の仕事ではなく、予言者の仕事である。立法者はそれゆえ、政治的権威をつかって武装化する機能でもなければ、主権者の機能でもない。立法者は制度の中ではいかなる地位も占めていない。立法者は「国家の中においては超人」でなければならない。

ここでも、わたしたちは、政治が宗教と切り離すことができないことを知るのである。

5　愛国者としての立法者

古代スパルタから当代に至るまで、歴史は、立法と主権の機能をわけておくことが重要であることを教えてくれている。古代ローマが混乱と衰退に入った第一の理由は、この教訓を充分に見すえなかったからである。

もうひとつの理由は、もし特定の人物に立法権を付与するならば、それは人民主権の原理と対立・矛盾することになるのではないか、という点である。この点についていえば、特定の人間の意志はいかに優れていようとも、それは一般意志として代表されえない。まずもって法は法になりうる前に、人民の認可を受けなければならない。権利に関する規定から逸脱することは、社会契約を無効にし、国家を解体に導いてしまうことになるからである。

このような考えに立つ根拠は、まず、大多数の人間は偏見と慣習から容易に免れえない、という点にある。そのような人間が社会生活をする際に、理性を発揮することができるという考え方は、幻想に基づいており、したがって、利他主義、秩序への愛、共同目標への献身を理想とする国家を構築することはできないであろう。

国家の創設に関る立法者は、ルソーによれば主権を持たない。主権を立法者が持つことは結局、人民主権と矛盾するからである。

それでは、超人的な仕事を達成するため、立法者にどのような手段が開かれるか？　つまり、立法者が人民に、物理的暴力を用いることなしにかれらを導き、犠牲をだすことなしに人民を説得できるものはなにか?

これに対するルソーの答えは、マキァヴェリにきわめて近いものであった。すなわち、立法者は、超自然的なものに対して人間が感じるような畏怖《いふ》の念に訴える必要があるということである。また、立法者は宗教に基礎づけられた神の代弁者として受け入れられなければならないということである。このことは当然、立法者の存在は、知的な確信に基礎づけられるよりは、信仰に基礎づけられるであろうことを意味するものである。立法者が人民に示す神聖な権威を保証するものは、たとえ合理的な説得が実を結ばないような場合にあっても、それは信仰に帰らせられるからである。そしてそれはルソーがつくりあげた市民宗教であり、それを基にした愛国心の宗教なのである。

6　市民・自由・祖国愛

ルソーは、〝祖国〟に生きる〝市民〟が、〝秩序〟ある自由を享受することができ、また、享受するに値する、と考えた。いいかえれば、人は祖国に生きることによってしか、道徳的存在になることができない、とした。無垢なる市民のみが、秩序への愛、祖国への愛、をもつに至ることを明示したところに、かれの深い人間洞察を見ることができる。なぜなら、ルソーにとっては、愛の生成とともに祖国は生じ、愛の喪失とともに祖国は消えゆくものにほかならなかったからである。

以上の論理的帰結――「祖国なくして市民なく、市民なくして自由はない」――に至ったのは、ルソーが、〝市民〟のうちなる〝自然の善性〟にゆるぎない信頼を置いたからであった。

しかし、現実の政体には、秩序ある自由を享受するにふさわしい市民を見い出しえず、それゆえに、祖国をも見い出しえない状況がある。「社会状態にあって自然の感情の優越性をもらつづけようとする人は、……けっして人間にも市民にもなれない」し、「祖国のないところには、市民はありえない」のである。

そこで、この状況を解決するためにルソーの行きついたのが、「自由はどんな統治形態のうちにもない。それは自由な人間の心のなかにある。自由な人間はいたるところで自由をもっている」という〝最後の〝真理である。

この真理は、一見したところ、現実に対するルソーの諦念のようにもみえる。が、そうではあるまい。ここでかれはむしろ、かつてスパルタでみられたように、〝祖国に生きる市民〟が、この地上に存在することが可能であることを言おうとしている。

著名なルソー研究家のドラテ氏も指摘するように、古代のローマ、スパルタのように、政治社会と宗教社会とが同時に結びついた共和国において、その共和国への忠誠心を果たすことに一身を賭ける政治的な徳、パトリオチスム(愛国心)を持った人間、それがルソーの描く市民なのである。こうした市民が存在できるためには、特殊意志と一般意志の合致した〝徳〟という自由を回復し、秩序をそのうちにもつ〝市民〟を教育によって創ることでなければならない、と確信した。

市民を創る〝教育〟が、社会契約に基づく祖国をつくり、かれらの自由を実現していくための出発点である。自然人であるエミールを立法者たる市民にすることを目的として、『エミールあるいは教育論』を著した点に、地上に祖国と秩序を蘇《よみがえ》らせようとするかれの強い意志を、改めてみることができる。

翻《ひるがえ》って、現代に眼を向けたとき、私たちは人間の自由、すなわち、幸福をどのようなものとして捉えているのであろうか。幸福らしく見える(人為)ことと、幸福である(自然)こととは、全く異なるものだとすれば、人はどのような状態において「幸福である」といえるのだろうか。それは、すでに見てきたところから明らかなように、〝祖国〟を形成する〝市民〟の喜びや哀しみのなかに、自らの喜びや哀しみを共感できるときである。

ルソーの宗教思想を「幸福」の視点から考察したグリムズリー氏も、かれの思想を解くうえで重要な位置を占める書簡小説『新エロイーズ』(La Nouvelle Heloise; 1761)を引いて、「地上の楽園としてのクラランの園」は、「天上界(celestial abobeb)の平和」、および「シャルメットの果樹園」を映し出したものと述べている。

幸福と徳との合致、「幸福であることと、幸福に値すること」との調和。それは自らの利益を共同のそれに結びつけることによって得られる〝同胞への愛〟に他ならない。「祖国愛」と言うべきこの至福は、何ものにも代えがたい。

ルソー自身、この〝至福〟を青年時代、レ・シャルメットのヴァランス夫人の下で実感していた。

「わたしの一生で夾雑物《きょうざつ》も邪魔物もなく、わたしが完全にわたし自身であった、たったいちどのみじかいあの時期、ほんとうに生きたといえるあの時期……」

今日、求められているのが、この幸福であることは、なんぴとも否定できないであろう。そうであるとすれば、秩序ある自由を享受する市民、また、そうした市民が生きる祖国、を求め、思索するルソーの真摯《しんし》な姿は、幸福であることを求める、すべての人の象徴といえないであろうか。

ルソーは、努力とその天才をもって、〝神義〟に基づく〝秩序と祖国〟が、〝徳〟高き市民を創ることを精緻《せいち》に論証した。しかし、現代国家において、〝秩序と祖国〟は、自由とともに、今なお混沌《こんとん》のなかにある。ルソーはこれらの実現を課題として後世に残したが、かれの創造した政治原理は、その普遍性のゆえに、不滅の光を放っている。

ジャン＝ジャック・ルソーの名は、近代政治思想史のなかにあって、永久に記憶されるであろう。

コラム　ルソーとバーク

ある思想をできる限り多面的に理解し、正しく評価するためには、対極にある思想に触れておくことが必要である。

〝革命思想家〟にして、ロマン主義の開祖であるルソーの最も手厳しい〝敵対者〟として知られるのが、イギリスの〝近代的保守主義者〟エドマンド・バーク(Edmund Burke, 1729-97)である。

バークは、いわゆる研究者ではなかったから、体系的に政治哲学を構築はしなかった。だが、その思想の深さは、アカデミックな思想家たちをはるかにしのいでいた。バークの歴史的名声を決定づけたのは、一七八九年のフランス革命を攻撃した『フランス革命の省察』(Reflection on the revolution in France, 1790)である。

歴史主義の視点に立つバークは、ルソーを直接に名指しすることはしなかったが、国家について、自然状態から出発して政府の起源に論理のメスを入れることは、神聖への冒瀆《ぼうとく》であるとして、ルソーを批判する。国家は、人間の完成のための手段として神がつくったものであって、聖なる道徳秩序の一部である、だから、制度以前ないし歴史以前の状態を設定する必要はない、というのがかれの主張となっている。

バークはルソーのいう人間のうちなる自然の善性や理性的洞察力に信をおくには、あまりにも人間の判断力に対して懐疑的であった。かれは、改良を承認した。しかし、革命は斥けた。それが、伝統や歴史の継続性を破壊する、と考えたからである。国会(下院)議員として政治の実践に関わった経験主義者バークは、現存秩序の維持機能を果たす伝統的自然法に属する人物だったといえる。

ルソーとバークの比較研究をしたD・キャメロン氏によれば、バークはオーソドックスな古典的教育を

50歳代半ばのルソー

与えられ、安定した地位に上がって、イギリス史の平穏なときに生きた。他方、ルソーは断片的な教育しかうけず、しかもその教育すらも独学で身につけたものであった。

　ルソーの想像力は、変革といったものが、過去から現代にまで継続するなかで起こってくるといった考え方に立つよりは、その多くは古代の栄光のイメージによって燃え立たせられたのであった。バークは騎士制度を敬愛したが、ルソーはスパルタ的禁欲主義を賞賛した。

　バークの深い宗教的帰依はイギリス国教会の諸制度のなかに自らの慰めを見いだした。バークは神によって創《つく》られた人間が国家の社会的序列(social arrangements)のなかに組み込まれている点について、疑問をもたないばかりか、そのことに好感すら抱いていた。

　これに対して、カルヴィニスト、ローマ・カソリック、そして再びカルヴィニストと遍歴したルソーは、かれ自身の確定した宗教的パターンを定着させることができなかった、という。

　要するに、ルソーは純理論的、ア・プリオリ(超歴史的)であり、バークは過去に対して崇敬の念をもっている。ルソーは革新しようとし、バークは保守しようとする。ルソーの手段は自然であり、バークのそれは経験である。ルソーはデモクラシーの先駆者であり、バークは政治に無限の複雑さをみいだす。ルソーの近代的新秩序に対して、バークの伝統的秩序がある。

バーク

このように真っ向から対立するルソーとバークであるが、二人ともストイック(厳格)な道徳観を抱いていたこと、また、自らの道を進むに際して、かれらをとりまく社会からは、ともにアウトサイダー(よそ者)であった点で共通していた、というキャメロン氏の指摘は興味深い。ルソーはフランス人文士の間ではジュネーヴ人であり、バークはイギリス下院においてアイルランド人であったからである。

なお、ルソーはフランス革命に大きな影響を与えたことから、〝革命的民主主義〟の思想家といわれる。しかし、かれが暴力を用いた政治革命を、強く嫌悪していたことは注目に値する。すなわち、かれが二五歳のときにおこったジュネーヴ共和国における騒動で、ある父子二人がそれぞれ政府派と平民派に分かれ身を投じ、同じ家から武装して出ていく姿を見たとき、ルソーは「いつか自分が市民権を回復するときがあっても、……国内では武力によって自由を守ることは実践においても言葉においてもすまいと心に誓った。ある困難な事態にのぞんで、この誓いをつらぬいた証拠がある。そして、こういう節度ある態度にはいささか価値があった、……」と語っているからである。

一八世紀の革命前夜にその生涯を送ったルソー。「近く革命がおこるような気がする」と書いていたルソー。誰も予想しなかったフランス革命が勃発《ぼっぱつ》したのは、ルソーが一七七八年七月二日、エルムノンヴィルで亡くなってから、わずか一一年後のことである。

あとがき

経済や文化など、多くの分野で実績をあげているわが国は、こと政治に関しては、芳しい評価を受けていません。国内外の厳しい環境のなかで、国民の安全を確保するという重大な責務があるというのに、審議しているのかどうか、その姿がみえてこない議会、国民そっちのけの政争と離合集散、相も変わらぬ利権とカネなど、目に余る実状です。

そのため、政治の監視を受けているはずの行政までもが、年金や天下りの問題に象徴されるように、国民の利益を損ねるようなことをしている有様です。

しかし、嘆いているばかりでは始まりません。そうした政治を許しているのはわたしたちでもあります。政治を改善していくためには、一人ひとりがまず、自らの理想の政治像を持つことが必要です。そうした目標を持つことによって、わたしたちも、政治改革へのエネルギーがでてくるといえるでしょう。

本書の目的はただひとつです。本来のあるべき政治とはこれだ、という理想と原理を、ルソーの思想をとおして見つめることです。政治に理想や正義を求めることに対して、現実をわきまえない「書生論」だという意見があります。しかし、真の現実主義は、理想の裏付けがあって価値を持つというのは、今なお変わらぬ真実ではないでしょうか。今ほど私たち一人ひとりが、本来のあるべき政治について、確固たる知識を身につけることが必要なときはありません。


本書の基礎となっている五本の論文のうち三本は、私が明治大学大学院生のときに書いた「ルソーの政治原理――祖国と自由」、「ルソーにおける祖国愛の形成」、「ルソーの宗教思想」です。この三本は、昭和四八年度～五〇年度の大学院紀要に掲載されたものですが、今回、大幅に加筆・補正をしました。他の二本のうちの一本は、三重大学教育学部で教育哲学を担当されている先生と『近代教育哲学の源流』というテーマで共同研究をした際に書いた「ルソー教育論における人間の自然」(平成七年度)です。もう一本は、日本臨床政治学叢書・第三巻『政治思想とデモクラシーの検証』(平成一四年、東信堂)に収録された「ルソーの政治思想――祖国と秩序」です。

今回、本書をまとめるに際しては、たくさんの優れたルソー研究の成果をはじめ、ルソーに関する貴重な資料や図などを参照、引用させていただきました。それらの出典は〈参考・引用文献〉に載せてありますが、関係者の皆様に厚く御礼申し上げます。

＊　＊　＊　＊　＊

ルソーの政治思想をこうしてまとめることができましたのは、ひとえに藤本一美　専修大学法学部教授の御高配とお力添えによるものです。ことに、昨年度、アメリカ政治研究のため滞米されていた藤本教授より再度、ルソーについてまとめるようお勧めをいただきました。それを機に執筆にかかり、今回出版させていただいたのが本書です。また、藤本教授からは、二年前に私が東京に戻って以来、さまざまな面でご高配とご教示を賜っています。ここに深謝申し上げます。

私は長年にわたり恩師の明治大学名誉教授　沖田哲也先生にご指導を賜っております。先生に深謝申し上げる次第です。

また、橋本彰　明治大学名誉教授、中邨章　明治大学政治経済学部教授、竹下譲　四日市大学総合政策学部教授、土岐寛　大東文化大学法学部教授、牧田義輝　東海大学政治経済学部教授、以上の諸先生方の変わらぬご教示に深謝申し上げます。

私は長く石川県金沢市、そして、宮崎県都城市と宮崎市を中心に暮らしてきました。これらの地で、たくさんの方々からご親切にしていただきました。このことに心から感謝申し上げます。

私の「都市政治論」「政治学」を熱心に聴いてくれている(聴いてくれた)学生諸君から、私自身大きな刺激を受けている。

そして今、なにかとお世話になっております大東文化大学と専修大学、そして関係の皆様、さらに、日本臨床政治学会会員の皆様に深謝申し上げます。

＊　＊　＊　＊

私が初めてルソーの著作に接したのは四〇年ほど前になります。以来、私はルソーから離れることなく現在に至っています。

ルソーの魅力については、政治、文学、教育、宗教、音楽など、幅広い分野において国内外の多くの優れた研究者が、それぞれの思いを述べておられます。「ルソー」はそれだけ、尽きぬ泉なのでしょう。

本書をお読み下さった方が、少しでもルソーと政治に関心を持ってくださるならば、著者としてこれに過ぎる喜びはありません。本書へのご叱正とご感想をお聞かせくだされば、今後、ルソーについて学んでいくうえからも幸いです。

ここに、あらためて藤本一美　専修大学法学部教授に心から深謝申し上げる次第です。

また、出版に至るまでの間、校正をはじめ、なにかとご面倒をおかけしました下田勝司・東信堂社長と編集御担当の松井哲郎氏に厚く御礼申し上げます。

二〇〇七(平成一九)年五月二〇日

根本　俊雄

〈参考・引用文献〉

（1） ‘Ed. Par edition publieé sous la derection de Bernald Gagnebin et Marcel.Raymond., *Euvres complétes de.- J.Rousseau, 4* tomes, Gallimard, Bibliothéque de La Pléiade., 1959-.

（2） Ed, C. E. Vaghan, *Political Writings of J.- J. Rousseau*, II VoL., Basil Blackwell（Oxford） 1915, Reprinted., 1962.

（3） Alfred Cobban,*Rousseau and the Modern State*, George Allen & Unwin Ltd.,1968.

（4） Bernard Groethuysen, *Jean-Jacques Rousseau*,Paris,1949.

（5） Bertand de Jouvenel, *Essai sur la Polituque de Rousseau*,（Geneva 1946）.

（6） *Charles W. Hendel, Jean-Jacques Rousseau: Moralist*, The Bobbs・Marrill Company, Inc., 1934, VoL.II.

（7） Charvet, J., *The Social Problem in the Philosophy of Rousseau*, Cambridge University Press（London 1974）.

（8） David Cameron, *The Social Thought of Rousseau & Burke: A Comparative Study*, Willmer Brothers Limited, Birkenhead, 1973.

（9） Ernest H. Wright, *The Meanig of Rousseau*, New York/ Russell & Russell（First Published 1929）, 1953.

（10） Ernst Cassier, *The Question of Jean-jacques Rousseau*（Second Printing 1967）, Translated by Peter Gay, Indiana University Press.

（11） Ernst Cassirer, *Rousseau. Kant. Goethe.*, translated and edited by Peter Gay, Princeton university press, 1970.

（12） F. Raymond Mckenna, *Philosophical Theories of Education*, University Press of America, Inc., 1995.

（13） Gabriel Compayré, *Jean-Jacques Rousseau and Education from nature*, Burt Franklin（Originally Published: 1907）, Reprinted:1971.

（14） George Burdeau,‘Le Citoyen selon Rousseau’ in *Études sur le ÉContrat social, de J. -J. Rousseau*, Actes des journées d'étude organisées a Dijon, Paris, 1964

（15） George R. Havens, *Jean-Jacques Rousseau*, A Division of G. K. Hall & Co., Boston, 1978.

（16） Groethuysen, B., *J.-J. Rousseau*,（Paris 1949）.

(17) Henri Gouhier,'La Religion du vicaire savoyard dans La Cité du Contrat social'in *Études sur le Contrat social, de J.-J.Rousseau*, Actes des jyounées d'etude organiées a Dijon, Paris, 1964.
(18) Henri Gouhier, *Les Méditations Métaphysiques de Jean-Jacques Rousseau*, (seconde édition revue), Vrin, 1984.
(19) Jean Château, *Jean-Jacques Rousseau: sa philosophie de l'education*, Vrin, 1962.
(20) John Charvet, *The Social Problem in the Philosophy of Rousseau*, Cambridge University Press, 1974.
(21) John W. Chapman, *Rousseau-Totalitarian or Liberal?*, AMS Press, Inc., 1968.
(22) Judith N. Shuklar, *Men and Citizens: A Study of Rousseau, s Social Theory*, Cambridge University Press, 1969.
(23) Kennedy F.Roche, *Rousseau; Stoic & Romantic.*, Methuen & Co Ltd, 1974.
(24) Louis Burgener, *L, éducation Corporelle selon Rousseau et Pestalozzi*, J. Vrin, 1973.
(25) Marc F. Plattner, *Rousseau's State of Nature: An Interpretation of the Discourse of Inequality*, Northern Illinois University Press, 1979.
(26) Mario Einaudi, *The Early Rousseau*, Cornell University Press, 1967.
(27) Maurice Cranston, Jean-Jacqes: *The Early life and Work of Jean-Jacques Rousseau: 1712-1754.*, Allen Lane, Pengin Books Ltd., 1983.
(28) Pierre Burgelin, *La Philosophie de L'existence de J.-J. Rousseau*, Presses Universitaires de France, 1945.
(29) Pierre M. Masson, *La Religion de Jean-Jacques Rousseau* · III., (1916), Slatkine Reprints (Genéve), 1970.
(30) Robert Derathe, *La Rationalisme de J.-J.Rousseau*, (Paris 1948).
(31) Ronald Grimsley, *The Philosophy of Rousseau*, Oxford University press, 1973.
(32) Ed., Ronald Grimsley, *Jean-Jacqes Rousseau: Du Contract Social.*, Oxford University Press, 1972.
(33) Ronald Glimsley, *Rousseau and the Religious Quest*, Oxford University Press, 1968.
(34) Robert Derathe,'La Religion Civile selon Rousseau.'in *Annales de la société J.-J. Rousseau*. xxxv 1959-62., Entretiens sur J.-J. Rousseau

（35） Robert Derathe, L'Homme selon Rousseau, *Études sur le Contrat social, de J.-J. Rousseau*, Actes des journées détude organisées a Dijon, Paris, 1964.
（36） Robert Derathé, *Jean-Jacques Rousseau et la science politique de son temps*（1950）,Vrin 1970（35）Robert Wokler, Rousseau, Oxfofd University Press, 1995.
（37） Robert Derathé,'L'homme selon Rousseau'in *études sur le Contract social, de J.-J. Rousseau*, Actes Organisées a Dijon Paris, 1964.
（38） Sergio Cotta,'Théorie Religieuse et Théorie Politique chez Rousseau', in *Annales de Philosophie Politique*, t. 5., 1965.
（39） 'Lettre a Christophe de Beaumont'in *Du Contract social*, Garnnier Freres, Paris, 1962.
（40） *Les Reveries du promeneur solitaire*（ed. Roddier, H.）. Garnier Freres（Paris 1960）.
（41） *Lettre a Christophe de Beaumont*. Garnier Freres（paris 1962）.
（42） *Premiere Lettre de la Montagne*. P.W.II.（Oxford 1962）.
（43） Ed. Leslie F. Claydon, *Rousseau on Education*, Collier-Macmillan Limited, 1969.
（44） A　桑原武夫訳『告白』（上・中・下）（岩波文庫、一九六六年）。
B　桑原武夫・前川貞次郎訳『社会契約論』（岩波文庫、一九六七年）。
C　今野一雄訳『エミール』（上・中・下）（岩波文庫、一九六六年）。
D　前川貞次郎訳『学問・芸術論』（岩波文庫、一九六九年）。
E　本田喜代治・平岡昇訳『人間不平等起原論』（岩波文庫、一九六六年）。
F　河野健二訳『政治経済論』（岩波文庫、一九八〇年）。
G　今野一雄訳『孤独な散歩者の夢想』（岩波文庫、一九六七年）。
H　小林善彦訳『言語起源論』（現代思想社、一九七〇年）。
I　安土正夫訳『新エロイーズ』（一・二・三・四）（岩波文庫、一九六八年）。
（45） 桑原武夫編『ルソー研究』（第二版）（岩波書店、一九六八年）。

(46)「特集　ルソー／ヴォルテール・(Ⅰ)、(Ⅱ)」(『思想』、六四八号(一九七八年六月号)および、六四九号(一九七八年七月号)、岩波書店)。
(47)平岡昇編『ルソー』(中央公論社、一九七〇年)。
(48)小笠原弘親『初期ルソーの政治思想』(御茶の水書房、一九七九年)。
(49)白石正樹『ルソーの政治哲学』(上・下)(早稲田大学出版部、一九八四年)。
(50)水林章「ルソー論のために」(『思想』No.736、一九八五年一〇月号)。
(51)小松春雄『イギリス保守主義史研究』(第二刷)(御茶の水書房、一九六一年)。
(52)今道友信『西洋哲学史』(講談社、一九九五年)。
(53)中川久定『甦るルソー――深層の読解』(岩波書店、一九九八年)。
(54)中川久定『自伝の文学――ルソーとスタンダール』(岩波新書、一九七九年)。
(55)山本周次『ルソーの政治思想――コスモロジーへの旅』(ミネルヴァ書房、二〇〇〇年)。
(56)中村雄二郎「ロゴスの変貌――17世紀的知から18世紀的知へ」(『思想』六四八号、岩波書店、一九七八年六月)。
(57)中村雄二郎「言語論理と社会理論の連関構造――ルソーにおける反コギト的思考と『全面的譲渡』をめぐって」(『思想』五四七号、岩波書店、一九七〇年一月)。
(58)中村雄二郎「中江兆民『民約訳解』にみられるルソーの思想のうけとり方について」(『法律論叢』三六巻一号、明治大学)。
(59)野田又夫「ルソーの哲学」(桑原武夫『ルソー研究』(第二版)、岩波書店、一九六八年)。
(60)前川貞次郎「ルソーの学問藝術論について」(日本西洋史學会編『西洋史學』VoL.7、一九五〇年一〇月)。
(61)小林善彦「自由についての二つの考え方(下)」(『思想』岩波書店、一九七一年七月号所収)。
(62)作田啓一「ルソーのユートピア」(上・下)(『思想』六一七号・六一八号、一九七五年一月号・二月号)
(63)海老沢敏『むすんでひらいて考――ルソーの夢』(岩波書店、一九八六年)。
(64)樋口謹一「ルソー政治思想―〝祖型〟について」(『思想』岩波書店、一九七一年五月号所収)。

(65) 樋口謹一「ルソーのパトリオティスム」(桑原武夫編『ルソー論集』、岩波書店、一九七〇年、所収)。
(66) 橋本峰雄「ルソーとキリスト教」(桑原武夫編『ルソー論集』、岩波書店、一九七〇年、所収)。
(67) 『ザ・グレート　アーティスト』(省心書房、第七一号、第七六号、一九九五年)。
(68) 栗田勇『一遍上人――旅の思索者』(新潮社、一九八一年)。
(69) 福田歓一『近代政治原理成立史序説』(岩波書店、一九七一年)。
(70) 森田伸子「ルソーにおける人間と市民の教育――一八世紀フランス近代公教育思想の形成」(日本教育学会編『教育學研究』四一(一)一九七四年三月、所収)。
(71) 伊藤敏子「原罪と童心――近代教育における心情陶冶の系譜」(『三重大学教育学部紀要』教育科学　第五〇巻、一九九九年、所収)。
(72) 伊藤敏子「「ユートピア」的教育と「牧歌」的教育――教育理想をめぐる試論」(『三重大学教育学部紀要』教育科学　第五一巻、二〇〇〇年、所収)。
(73) ジャン・スタロバンスキー／松本勤訳『J.―J.ルソー・透明と障害』(思索社、一九七三年)。
(74) 松原清訳「ヴァランス男爵夫人の果樹園」(『ルソー全集』第一一巻、白水社、一九八七年)。
(75) ジャン・ゲーノ「第1部〝告白〟の余白に」(富カ谷徳三訳『ルソー全集』第三版、別巻一、白水社、一九八八年)。
(76) ラファイエット夫人／生島遼一訳『クレーヴの奥方』(岩波文庫、一九七六年)。
(77) レイモン・ポラン著／水波朗・田中節男・西島法友訳『孤独の政治家・ルソーの政治哲学試論』(九州大学出版会、一九八二年)。
(78) モーリス・クランストン編／山下重一訳『西欧の政治哲学者たち』(木鐸社、一九七四年)。
(79) エルンスト・カッシーラ／中埜肇訳『自由と形式――ドイツ精神史研究』(ミネルヴァ書房、二〇〇四年新装版第二刷)。
(80) フィリップ・ヴァン・チーゲム『フランス・ロマン主義』(白水社、一九九〇年)。
(81) J・マリタン／麻生宗由訳『三人の改革者』(東京、弥生書房、一九七一年)。

(82) Tzvetan Todorov, *Frail Happiness*, The Pennsylvania State University Press, 1985. ツヴェタン・トドロフ／及川馥訳『はかない幸福――ルソー』(法政大学出版局、一九八八年)。
(83) ジャン＝ルイ・ルセルクル／小林浩訳『ルソーの世界――あるいは近代の誕生』(法政大学出版会、一九九三年)。
(84) J・ミシュレ／桑原武夫訳編『フランス革命史』(中央公論社、一九七一年)。

著者紹介

根本　俊雄（ねもと　としお）

1947年　東京都出身

1970年　明治大学商学部卒

1976年　明治大学大学院政治経済学研究科（政治学専攻）博士課程単位修得

現　在　大東文化大学法学部非常勤講師（都市政治論）

専修大学法学部非常勤講師（政治学）

著　書

『地方自治と都市政策』（共著）学陽書房、1981年

『日本の政策過程』（共著）　梓出版社、1984年

『社会変化とコミュニティー』（共著）行政管理研究センター、1990年

『官僚制と日本の政治』（共著）北樹出版、1997年

『新版・官僚制と日本の政治』（共著）北樹出版、2001年

『政治思想とデモクラシーの検証』（共著）東信堂、2002年

『都市行政と市民自治』（単著）敬文堂、2004年

【現代臨床政治学シリーズ5】

ルソーの政治思想

2007年10月10日　　初　版　第1刷発行　　（検印省略）

＊定価はカバーに表示してあります

著者©根本俊雄／発行者 下田勝司　　印刷・製本 中央精版印刷

東京都文京区向丘1-20-6　郵便振替00110-6-37828

〒113-0023　TEL (03) 3818-5521（代）　FAX (03) 3818-5514

発行所 株式会社 東信堂

E-mail : tk203444@fsinet.or.jp

Published by TOSHINDO PUBLISHING CO., LTD.

1-20-6, Mukougaoka, Bunkyo-ku, Tokyo, 113-0023 Japan

http://www.toshindo.com/

ISBN978-4-88713-780-6　C3031　©Toshio Nemoto